Kauderwelsch
Band 75

Impressum

Hans Leu & Iyad al-Ghafari
Palästinensisch-Syrisch-Arabisch – Wort für Wort
erschienen im
REISE KNOW-HOW Verlag Peter Rump GmbH
Osnabrücker Str. 79, D-33649 Bielefeld
info@reise-know-how.de

5. Auflage 2008

Bearbeitung & Layout Claudia Schmidt
Layout-Konzept Günter Pawlak, FaktorZwo! Bielefeld
Umschlag Peter Rump (Titelfoto: Sigrid Tondok)
Kartographie Iain Macneish
Fotos Fotonachweis auf Seite 126
Druck und Bindung Fuldaer Verlagsanstalt GmbH & Co. KG, Fulda

ISBN 978-3-89416-265-8
Printed in Germany

Dieses Buch ist erhältlich in jeder Buchhandlung der BRD, Österreichs, der Schweiz und der Benelux. Bitte informieren Sie Ihren Buchhändler über folgende Bezugsadressen:

BRD Prolit GmbH, Postfach 9, 35461 Fernwald (Annerod) sowie alle Barsortimente
Schweiz AVA-buch 2000, Postfach 27, CH-8910 Affoltern
Österreich Mohr Morawa Buchvertrieb GmbH, Sulzengasse 2, A-1230 Wien
Belgien & Niederlande Willems Adventure, www.willemsadventure.nl
direkt Wer im Buchhandel kein Glück hat, bekommt unsere Bücher zuzüglich Porto- und Verpackungskosten auch direkt über unseren Internet-Shop: **www.reise-know-how.de**

Zu diesem Buch ist ein **AusspracheTrainer** erhältlich, auf **Audio-CD** in jeder Buchhandlung der BRD, Österreichs, der Schweiz und der Benelux-Staaten oder als **MP3-Download** unter **www.reise-know-how.de**

Der Verlag möchte die **Reihe Kauderwelsch** weiter ausbauen und **sucht Autoren**!
Mehr Informationen finden Sie auf unserer Internetseite
www.reise-know-how.de/buecher/special/schreiblust-inhalt.html

Kauderwelsch

Hans Leu &
Iyad al-Ghafari

Palästinensisch-Syrisch-Arabisch

Wort für Wort

Kauderwelsch-Sprechführer sind anders!

Warum? Weil sie Sie in die Lage versetzen, wirklich zu sprechen und die Leute zu verstehen.

Wie wird das gemacht? Abgesehen von dem, was jedes Sprachbuch bietet, nämlich Vokabeln, Beispielsätze etc., zeichnen sich die Bände der Kauderwelsch-Reihe durch folgende Besonderheiten aus:

Die **Grammatik** wird in einfacher Sprache so weit erklärt, dass es möglich wird, ohne viel Paukerei mit dem Sprechen zu beginnen, wenn auch nicht gerade druckreif.

Alle Beispielsätze werden doppelt ins Deutsche übertragen: zum einen **Wort-für-Wort,** zum anderen in „ordentliches" Hochdeutsch. So wird das fremde Sprachsystem sehr gut durchschaubar. Denn in einer fremden Sprache unterscheiden sich z. B. Satzbau und Ausdrucksweise recht stark vom Deutschen. Ohne diese Übersetzungsart ist es so gut wie unmöglich, schnell einzelne Wörter in einem Satz auszutauschen.

Die **Autorinnen** und **Autoren** der Reihe sind Globetrotter, die die Sprache im Land selbst gelernt haben. Sie wissen daher genau, wie und was die Leute auf der Straße sprechen. Deren Ausdrucksweise ist nämlich häufig viel einfacher und direkter als z. B. die Sprache der Literatur oder des Fernsehens.

Besonders wichtig sind im Reiseland **Körpersprache, Gesten, Zeichen** und **Verhaltensregeln,** ohne die auch Sprachkundige kaum mit Menschen in guten Kontakt kommen. In allen Bänden der Kauderwelsch-Reihe wird darum besonders auf diese Art der nonverbalen Kommunikation eingegangen.

Kauderwelsch-Sprechführer sind keine Lehrbücher, aber viel mehr als Sprachführer! Wenn Sie ein wenig Zeit investieren und einige Vokabeln lernen, werden Sie mit ihrer Hilfe in kürzester Zeit schon Informationen bekommen und Erfahrungen machen, die „taubstummen" Reisenden verborgen bleiben.

Inhalt

9 Vorwort
10 Hinweise zur Benutzung
12 Das Arabische
14 Aussprache & Umschrift
20 Wörter, die weiterhelfen

Grammatik

20 Hauptwörter & Eigenschaftswörter
29 Dieses & Jenes
30 Persönliche Fürwörter
31 Besitzanzeigende Fürwörter
32 Haben, Wollen, Können, Müssen
35 Steigern & Vergleichen
37 Tätigkeitswörter (Verben)
49 Wem? oder Wen?
50 Bindewörter
52 Verhältniswörter
54 Fragen
56 Verneinung
58 Auffordern
59 Zahlen & Zählen
64 Zeit & Datum
67 Maße & Gewichte

Inhalt

Konversation

69 Kurz-Knigge
73 Begrüßen & Verabschieden
77 Namen
78 Anrede
80 Bitten, Danken, Wünschen
82 Das erste Gespräch
87 Floskeln & Redewendungen
89 Unterwegs
95 Übernachtung
97 Essen & Trinken
101 Zu Gast sein
104 Religion
106 Kaufen & Handeln
109 Fotografieren
110 Türkisches Bad (Hammâm)
112 Bank, Post & Behördenbesuche
115 Krank sein
117 Toilette
118 Schimpfen & Fluchen
119 Nichts verstanden? – Weiterlernen!
121 Dringende Hilferufe
123 Unterschiede im Dialekt

Anhang

125 Literaturhinweise
133 Wörterliste Deutsch – Arabisch
147 Wörterliste Arabisch – Deutsch
160 Die Autoren

Vorwort

Arabisch ist eine faszinierende Sprache! Kein Reisebericht über Arabien, in dem nicht mit Arabischem oder Pseudo-Arabischem um sich geworfen wird. **Salam aleikum** und **Allahu akbar** sind deutliche Beispiele dafür und auch **Simsalabim** ist ein verballhorntes arabisches Wort. Was für den gläubigen Muslim die Sprache ist, in der Gott mit den Menschen durch den Koran redet, bleibt aber für viele Reisende ein furchterregendes Idiom mit unaussprechlichen Kehl- und Rachenlauten. Sicher, Arabisch ist schwieriger als manche andere Sprache, doch trotzdem behauptete Karl May von sich, gleich fünf arabische Dialekte zu beherrschen, weit bevor er den Orient selbst bereiste! In kaum einem Teil der Welt sind Kenntnisse in der Muttersprache der Einheimischen so hilfreich wie in arabischen Ländern. Die langwährende Abgeschiedenheit solch faszinierender Länder wie Syrien, Oman oder Jemen macht sich auch bemerkbar, wenn es um Kenntnisse in so genannten „Weltsprachen" geht. Aber ist Arabisch nicht die Sprache der islamischen Welt? Wie viel mehr Spaß macht das Reisen, wenn zumindest ein wenig von der Sprache verstanden wird ... Verzagen Sie nicht, die Schwierigkeit der Sprache wird oft übertrieben. Wir wünschen viel Spaß beim Erkunden arabischer Länder, Sitten und nicht zuletzt der Sprache.

Hinweise zur Benutzung

Natürlich kann man die Grammatik auch überspringen und sofort mit dem Konversationsteil beginnen. Wenn dann Fragen auftauchen, kann man immer noch in der Grammatik nachsehen.

Der Kauderwelsch-Band „Palästinensisch/Syrisch-Arabisch" ist in 3 Abschnitte gegliedert:

Die **Grammatik** beschränkt sich auf das Wesentliche und ist so einfach gehalten wie möglich. Deshalb sind auch nicht sämtliche Ausnahmen und Unregelmäßigkeiten der Sprache erklärt. Wissensdurstige finden im Anhang eine Literaturliste mit weiterführenden Lehrbüchern.

Im **Konversationsteil** finden Sie Sätze aus dem Alltagsgespräch, die Ihnen einen ersten Eindruck davon vermitteln sollen, wie die arabische Sprache „funktioniert" und die Sie auf das vorbereiten sollen, was Sie später im Vorderen Orient hören werden.

Jede Sprache hat ein typisches Satzbaumuster. Um die sich vom Deutschen unterscheidende Wortfolge arabischer Sätze zu verstehen, ist die Wort-für-Wort-Übersetzung in kursiver Schrift gedacht. Jedem arabischen Wort entspricht ein Wort in der Wort-für-Wort-Übersetzung. Wird *ein* arabisches Wort im Deutschen durch *zwei* Wörter übersetzt, werden diese in der Wort-für-Wort-Übersetzung mit einem Bindestrich verbunden.

Werden in einem Satz mehrere Wörter angegeben, die man untereinander austauschen kann, steht ein Schrägstrich.

bėkteb la Ahmed.
ich-schreibe an Ahmed
Ich schreibe an Ahmed.

ana almânî/swizrî.
ich-bin Deutscher/Schweizer
Ich bin Deutscher/Schweizer.

Gelegentlich ist es notwendig, entweder die männliche oder weibliche Form des Eigenschaftswortes zu benutzen, beispielsweise wenn ein Mann oder eine Frau den Satz spricht, wenn ein Mann oder eine Frau angesprochen wird oder aber, wenn man über einen Mann oder über eine Frau spricht. Im arabischen Satz und in der Wort-für-Wort-Übersetzung sieht das dann so aus:

Im nebenstehenden Beispielsatz „Du bist zufrieden." wird jeweils die männliche Variante des persönlichen Fürwortes benutzt, wenn man einen Mann ansprechen will, jeweils jedoch die weibliche Form, wenn man eine Frau anspricht. Wann welche Form benutzt werden muss, hängt vom persönlichen Fürwort ab!

ėnte/ėnti mabsûṯ/mabsûṯa.
du(m/w) zufrieden(m/w)
Du bist zufrieden.

Mit Hilfe der Wort-für-Wort-Übersetzung können Sie bald eigene Sätze bilden. Sie können die Beispielsätze als Fundus von Satzschablonen und -mustern benutzen, die Sie selbst Ihren Bedürfnissen anpassen. Um Ihnen das zu erleichtern, ist ein Teil der Beispielsätze nach allgemeinen Kriterien geordnet (z. B. „zustimmen/ablehnen", „überrascht sein", „sich unwohl fühlen"). Mit einem kleinen bisschen Kreativität und Mut können Sie sich neue Sätze „zusammenbauen", auch wenn das Ergebnis nicht immer grammatikalisch perfekt ausfällt.

Die **Wörterlisten** am Ende des Buches helfen Ihnen dabei. Sie enthalten einen Grundwortschatz von je ca. 1000 Wörtern „Deutsch-Arabisch" und „Arabisch-Deutsch", mit denen man schon eine ganze Menge anfangen kann.

Seitenzahlen

Auf jeder Seite wird die Seitenzahl auch auf Arabisch in Lautschrift angegeben!

Das Arabische

Arabisch zählt zu den semitischen Sprachen, einer Sprachfamilie, die im Nahen Osten viele, weitverbreitete Sprachen hervorgebracht hat, von der heute – außer Arabisch – aber nur noch Hebräisch und Äthiopisch gesprochen werden.

In semitischen Sprachen hängt die Grundbedeutung eines Wortes an meist drei Mitlauten (wie z. B. **k**, **z**, **b***), die für die ganze Wortfamilie gleich sind. Die weiteren Bedeutungsnuancen werden durch die Selbstlaute* (**a**, **e**, **i**, **o**, **u**) *und ihre Stellung zwischen den Mitlauten bestimmt. Vgl. z. B. die Wortfamilie „lügen":* **kazeb** *(lügen),* **kizb** *(Lüge),* **kazzâb** *(Lügner).*

Das weite Verbreitungsgebiet des Arabischen auf unseren Landkarten täuscht. Im Laufe der Jahrhunderte haben sich regionale Dialekte herausgebildet, die so verschieden sind, dass ein Marokkaner einen Jemeniten nicht verstehen kann, wenn die beiden reden, wie sie es gewohnt sind. Allerdings verbindet sie eine Hochsprache **(fuṣ'ḥâ),** die seit vierzehn Jahrhunderten fast unverändert in Büchern und Vorträgen, heute auch in den Nachrichten und in der Zeitung verwendet wird. Diese Hochsprache wird in der Schule gelehrt, und so ist jeder schulgebildete Araber zweisprachig: Seine Muttersprache ist der Dialekt seiner Heimat; doch dort, wo er eine vorbereitete Rede hält oder etwas liest, benutzt er Hocharabisch.

Eigentlich gehen die Dialekte von Ort zu Ort fließend ineinander über, etwa so, wie in Europa im Mittelalter das Niederländische in Amsterdam über regionale Dialekte, z. B. dem Plattdeutschen, zum gesprochenen Ostfränkisch in Frankfurt überging. Alle diese Dialekte wurden auch nicht geschrieben, und je größer die Entfernung zwischen zwei Orten war, desto größer waren meist auch ihre sprachlichen Unterschiede. Trotzdem werden die arabischen Dialekte gemeinhin in sechs Gruppen eingeteilt:

- Dialekt der arabischen Halbinsel (Saudi-Arabien, Jemen ...)
- Golfdialekt in Kuweit, Bahrain, Qatar ...
- mesopotamischer Dialekt im Irak
- ägyptischer Dialekt
- syrisch-palästinensischer Dialekt in Syrien, Jordanien, den palästinensischen Gebieten und im Libanon
- maghrebinischer Dialekt in Marokko, Algerien und Tunesien.

Ziel dieses Sprachführers ist die Alltagskonversation, d. h. Reden im Dialekt zu ermöglichen. In Syrien, Libanon und Jordanien sowie den palästinensischen Gebieten in Israel ist der arabische Dialekt so einheitlich, dass man ihn wie *eine* Sprache vorstellen kann. Aber auch die Nähe zum gesprochenen Arabisch im Irak, in Saudi-Arabien oder den Golfstaaten ist so groß, dass man mit diesem Buch mühelos verstanden werden und verstehen kann.

In jeder dieser Regionen gibt es natürlich noch ein paar Besonderheiten. Für den syrisch--palästinesischen Dialekt sind die regionalen Unterschiede im Anhang zusammengestellt, so dass Sie sich auf diese je nach Reiseziel einstellen können.

Aussprache & Umschrift

Um Unklarheiten (vor allem in der Auslegung des Korans) auszuschalten, wurden Hilfszeichen für Selbstlaute (Vokale) eingeführt, die heute aber nur sehr vereinzelt (vor allem im Unterricht) benutzt werden.

Mit der Entwicklung der klassischen arabischen Hochsprache ist auch ein Alphabet entstanden, das diese Sprache allein in Zeichen für Mitlaute (z. B. **b, f, k**) wiedergibt. Selbstlaute **(a, u, i)** werden nur geschrieben, wenn sie lang sind oder zu Doppellauten (also **au** oder **ai)** werden. Diese Konsonantenschrift ist typisch für semitische Sprachen und passt auch gut zu ihrer grammatischen Struktur. Weil aber nur das „Konsonantengerippe" eines Wortes aufgeschrieben wird, sehen verschiedene Wörter gleich aus, so als würden „Hase" und „Hose" nur durch die Zeichenkombination „h-s" wiedergegeben werden. Konsonantenschriften wie die arabische Schrift können nur fließend gelesen werden, wenn die Sprache gut bekannt ist und so manches aus dem Kontext erschlossen werden kann.

Dialekte werden fast gar nicht geschrieben. Zeitungen, Literatur und selbst Briefe sind in der komplizierten Hochsprache verfasst. Gelegentlich werden Theaterstücke im Dialekt gedruckt, und viele Leute schreiben einfache Mitteilungen im Dialekt, weil sie es nicht anders können. Allerdings gibt es keine Rechtschreibregeln, und so schreibt jeder, wie er meint, dass er verstanden wird. Da Lesen und Schreiben lernen die Aneignung einer neuen Grammatik und vieler neuer Wörter erfordert, können viele Menschen dies kaum oder nur unvollständig.

In diesem Sprechführer wird ganz auf das arabische Alphabet verzichtet und eine Umschrift in lateinischen Buchstaben benutzt. Der Umschriftliste ist der Name des Buchstaben in arabischer Schrift wie auch in Umschrift beigegeben. Wer arabische Bekannte oder Freunde hat, kann sie bitten, den Laut vorzusprechen, um ihn zu erlernen.

Das klassische Alphabet besteht aus 28 Zeichen, die in einer Reihe von rechts nach links aneinandergefügt werden und daher oft wie Würmer oder Schlangen aussehen.

Mitlaute (Konsonanten)

ء	**'**	**Hamza'** – Ein Stimmabsatz: Die Stimme wird vorher abgesetzt und der nächste Laut explosiv hervorgebracht (z. B. „be'achten"). Hamza am Wortanfang steht in diesem Buch nur bei Verben; die Aussprache von Selbstlauten am Wortanfang erfolgt – wie im Deutschen – mit Stimmabsatz, zum Beispiel „'Achtung". **'akol** (essen)
ب	**b**	**bâ'** – „b" wie in „**B**uch" **balkôn** (Balkon)
ت	**t**	**tâ'** – „t" wie in „**T**uch" **tamâm!** (einverstanden!)
	th	**thâ'** – Ein spitzes „th" wie im englischen „**th**under", das eine Nähe zum „t" hat; nicht aber wie in „that", das eher zum „d" tendiert. **thûm** (Knoblauch)

Kauderwelsch-AusspracheTrainer

*Falls Sie sich die wichtigsten arabischen Sätze, die in diesem Buch vorkommen, einmal von einem Araber gesprochen anhören möchten, kann Ihnen Ihre Buchhandlung den **AusspracheTrainer** zu diesem Buch besorgen. Sie bekommen ihn auch über unseren Internetshop **www.reise-know-how.de** Alle Sätze, die Sie auf dem **Kauderwelsch-AusspracheTrainer** hören können, sind in diesem Buch mit einem 👂 gekennzeichnet.*

ج	**j**	**jîm** – Ein englisches oder französisches „j“, wie in „**J**ournal“. **jamal** (Kamel)
ح	**h**	**hâ'** – Ein sehr kräftig gehauchtes „h“, das fast ein „ch“ erreicht, wie vielleicht aus dem Namen *Ahmed* bekannt ist. Wenn die Silbe „ha“ so laut wie möglich geflüstert wird, kommt man ihm nahe. **hammâm** (Bad)
خ	**ch**	**châ'** – „ch“ wie in „Bu**ch**“, nicht aber wie in „ich“. **chubz** (Brot)
د	**d**	**dâl** – „d“ wie in „**D**ach“ **Dimashq** (Damaskus)
ر	**r**	**râ'** – Ein rollendes Zungenspitzen-R wie im Italienischen. **risâla** (Brief)
ز	**z**	**zây** – Ein stimmhaftes „s“, wie in „**S**onne“. Es hat keine Ähnlichkeit mit dem deutschen „z“, von dem man sich nur das Zeichen leiht. **zalame** (Mann)
س	**s**	**sîn** – Im Gegensatz zum weichen „z“, ein scharfes „s“, das nur mit Zunge, Zähnen und Luftausstoß (ohne Stimme!) gesprochen wird, wie im Wort „Ta**ss**e“. **salâm** (Gruß)
ش	**sh**	**shîn** – „sch“ wie in „**Sch**uh“. **shukran!** (danke!)
ص	**s**	**sâd** - Velarisiertes „t“. **sabâh** (Morgen)

*Die Laute **s**, **d**, **t**, und **z** sind so genannte velarisierte Laute, d. h. beim Aussprechen wird die Zunge in der Form eines „S“ geschwungen, so dass der Zungenansatz nach oben und der Zungenrücken nach unten geführt wird. Diese Laute färben alle nachfolgenden Selbstlaute dunkler: aus „a“ wird z. B. fast ein „o“. Wer einmal den Bogen raus hat, kann bald alle davon. Hier ist genaues Zuhören wichtig!*

	d̲	**d̲âd** – Velarisiertes „d“, etwa wie im bayrischen „doo“ für dort“. **d̲aif** (Gast)
ط	t̲	**t̲â’** – Velarisiertes „t“ wie etwa in „Torf“. **t̲âlib** (Student)
	z̲	**z̲â’** – Velarisiertes „z“. **z̲arf** (Umschlag)
ع	*	***ain** – Ein stimmhafter Kehllaut, der durch starkes Zusammenpressen des Kehlkopfes erzeugt wird. Da viele Ausländer diesen Laut nicht aussprechen können, haben sich die Araber daran gewöhnt, dass sie an seiner Stelle das leichtere **Hamza’** hören. ***âila** (Familie); **sâ*a** (Uhr, -zeit)
غ	gh	**ghain** – Ein Reibelaut aus dem Zäpfchen, dem tiefen deutschen „r“ wie in „G**r**und“ ähnlich. **ghasol** (waschen)
ف	f	**fâ’** – f“ wie in „**F**uß“ **funduq** (Hotel)
ک	k	**kâf** – „k“ wie in „**K**amm“ **kursi** (Stuhl)
ق	q	**qâf** – Ein „Zäpfchenlaut“: Wenn man versucht, das deutsche „k“ immer weiter hinten am Gaumen zu sprechen, muss irgendwann das Zäpfchen gehoben werden. Dies ist das **qâf.** Ein nachfolgender Selbstlaut wird dabei dunkel gefärbt. **qons̲ulîya** (Konsulat)

ل	**l**	**lâm** – „l" wie in „**L**ampe" **lâzim** (notwendig)
م	**m**	**mîm** – „m" wie in „**M**aus" **ma<u>h</u>all** (Geschäft)
ن	**n**	**nûn** – „n" wie in „**N**ase" **nâmûsa** (Mücke, Moskito)
ه	**h**	**hâ'** – „h" wie in „**H**aus" **hâda** (dieser)
و	**w**	**wâw** – Kein deutsches „w", sondern ein englisches, wie in „**w**ater" oder „**W**ow!". Wenn man genau hinhört, hört man es auch im Ausruf „Aua!" (= auwa). **walla** (oder)
ى	**y**	**yâ'** – Wie das deutsche „j" in „**j**a" **yamîn** (rechts)

Selbstlaute (Vokale)

Die Selbstlaute (**a**, **e**, **i**, **o**, **u**) und auch die Doppellaute (**au**, **ai** usw.) werden so ausgesprochen wie im Deutschen. Zu beachten ist aber der sehr wichtige Unterschied zwischen langen und kurzen Selbstlauten. Im deutschen Wort „Samen" ist der erste Selbstlaut, das „a", lang, das „e" aber kurz. In der Umschrift steht über lang auszusprechenden Selbstlauten das französische Dehnungszeichen: **ˆ**. Das deutsche Wort „Samen" würde demnach in der Lautschrift folgendermaßen geschrieben: „zâmen", z. B.:

almânî (Deutscher), **bîra** (Bier)

Nur ein einziger Laut muss hinzugelernt werden, und zwar das **ė**, der ein sehr kurzer Selbstlaut ist und wie ein sehr dunkles **i** oder **e** ausgesprochen wird, z. B. wie im französischen Artikel „**le**“ oder im deutschen Wort „Hall**e**“.

ėntu (ihr), **bėddi** (ich will/möchte)

Einige Laute werden in den Dialekten des Arabischen unterschiedlich ausgesprochen. Das **qâf** z. B. kann sich sehr verschieden anhören: In allen Städten wird es wie der Stimmabsatz **'** (**Hamza'**), ausgesprochen, von Beduinen aber wie ein „g“. Am Ende des Konversationsteils sind solche Veränderungen nach Region zusammengestellt, damit Sie sich darauf einstellen können.

Betonung

Betont wird immer die lange Silbe eines Wortes, also in der Regel die, in der ein langer Selbstlaut (**â**, **ê**, **î**, **ô**, **û**) oder ein Doppellaut (**au**, **ai**) vorkommt. Im Wort **h̲ammâm** (Bad) z. B. ist die zweite Silbe betont. Hat ein Wort zwei lange Silben, wie **sêyâra**, wird die zweitere von beiden betont:

sêy̲â̲ra (Auto)

Wörter, die weiterhelfen

Folgende Phrasen sind leicht in Fragen zu benutzen und helfen viel. Wonach man fragen will, kann man sich einfach aus den Wörterlisten am Ende des Buches heraussuchen.

fî ...? (gibt es ...?)

fî bâs?
Gibt es einen Bus?

fî akl?
Gibt es Essen?

ê, fî!
ja, es-gibt
Ja, es gibt!

lâ, mâ fî!
nein, nicht es-gibt
Nein, gibt es nicht!

wên ...? (wo ist ..?)

wên funduq Barôn?
wo Hotel Baron
Wo ist das Hotel Baron?

doktôr	Arzt	**mustashfâ**	Hospital
mahatta	Bahnhof	**shurta**	Polizei
safâra	Botschaft	**bôsta**	Postamt
matâr	Flughafen	**telfôn**	Telefon

shû ...? (was ...?)

shû hâda?
was dieses
Was ist das?

be,ddi ... (ich möchte/will ...)

bėddi shây.
Ich möchte Tee.

bėddi ghėrfa.
Ich möchte ein Zimmer.

bėddi chubz.
Ich möchte Brot.

Hauptwörter & Eigenschaftswörter

Im Arabischen gibt es keinen unbestimmten Artikel (ein, eine, einer).

Artikel

Steht das Wort in der Grundform, so ist es immer unbestimmt:

beit	ein Haus	**zalame**	ein Mann
medîna	eine Stadt	**sėnna**	ein Jahr
funduq	ein Hotel	**tarîq**	ein Weg

Der bestimmte Artikel (der, die) lautet im Arabischen für männliche und weibliche Hauptwörter gleichermaßen **al**. Er verschmilzt mit dem Wort und wird deshalb nicht als eigenständiges Wort gesprochen.

Sonnenbuchstaben sind **d**, **d**, **j**, **n**, **r**, **s**, **s**, **sh**, **t**, **t**, **th**, **z**, **z**. *Sie müssen leider auswendig gelernt werden. Ein Tipp: Es sind genau die Laute, die mit den Zähnen oder am Zahnansatz gesprochen werden, sowie das* **n** *und das* **j**.

al-beit	das Haus	**al-medîna**	die Stadt
al-funduq	das Hotel	**al-walad**	der Junge
al-lugha	die Sprache	**al-maiy**	das Wasser

Vor einer Anzahl von bestimmten Buchstaben, die Sonnenbuchstaben genannt werden, verändert sich der Artikel **al**. Das **l** nimmt den Laut des nachfolgenden Buchstaben, also des ersten Buchstaben des bestimmten Wortes, an:

az-zalame	der Mann	**as-sènna**	das Jahr
aṯ-ṯarîq	der Weg	**as-sitt**	die Frau

Geschlecht

Im Arabischen gibt es nur ein männliches und ein weibliches grammatisches Geschlecht (im folgenden abgekürzt: m, w). Alle Wörter mit **-a** am Wortende (Haupt- und Eigenschaftswörter) sind weiblich:

medîna	Stadt	**sènna**	Jahr

Ursprünglich war dieses **-a** ein **-at**, und in einigen Fällen tritt das verloren gegangene **t** am Ende wieder auf. An entsprechender Stelle wird darauf hingewiesen. Weiterhin sind auch alle Wörter, die Frauen bezeichnen, weiblich.

umm	Mutter	**bint**	Mädchen
ucht	Schwester	**jadda**	Großmutter-

Weiblich sind ebenfalls alle Wörter, die Städte- und Ländernamen bezeichnen, und das Wort **maiy** für „Wasser“.

Alle anderen Wörter sind männlich. Jedes männliche Wort kann durch Anhängen von **-a** zu einem weiblichen gemacht werden, wenn dies einen Sinn macht:

kalb	Hund	**t̲âlib**	Student
kalba	Hündin	**t̲âliba**	Studentin

Eigenschaftswörter nehmen das gleiche grammatische Geschlecht an wie das Hauptwort, auf das sie sich beziehen. Folgt ein Eigenschaftswort einem weiblichen Hauptwort, so bekommt das Eigenschaftswort auch die weibliche Endung **-a**.

t̲awîl/t̲awîla
lang(m)/lang(w)
lang/lange

kebîr/kebîra
groß(m)/groß(w)
groß/große

Sätze, in denen noch kein Verb vorkommt, werden Nominalsätze genannt. Es gibt im Arabischen sehr vielfältige Möglichkeiten, sich ohne gebeugte Verben auszudrücken. Viele Verben können somit ganz vermieden werden, ohne dass es dumm klänge.

kuwaiyis	gut	**saiyye**	schlecht
kebîr	groß/alt	**zghîr**	klein/jung
jėdîd	neu	**qadîm**	alt
sėchn	warm	**bârid**	kalt
qrîb	nah	**bė*îd**	fern
heluw	schön	**bashi***	hässlich
heluw	süß	**hâmud**	sauer
marîd	krank	**mabsût**	gesund
za*lân	verärgert	**mabsût**	zufrieden
ghâliy	teuer	**rėchîs**	billig
ghaniy	reich	**faqîr**	arm
qawi	stark	**da*îf**	schwach
basît	einfach	**sa*ab**	kompliziert
thaqîl	schwer	**chafîf**	leicht
malyân	voll	**fâdî**	leer
ndîf	sauber	**wėsich**	schmutzig

abyad (m)	**beida'** (w)	weiß
aswad (m)	**sôda'** (w)	schwarz
ahmar (m)	**hamra'** (w)	rot
azraq (m)	**zarqa'** (w)	blau
achdar (m)	**charda'** (w)	grün
asfar (m)	**safra** (w)	gelb
bunni (m)	**bunniya** (w)	braun

Sätze ohne Verben (Nominalsätze)

Nach dieser kurzen Einführung kann man schon die ersten Sätze bilden. Das Arabische hat nicht das Hilfswort „sein“, sondern fügt Haupt- und Eigenschaftswörter einfach zu Sätzen zusammen. Dabei muss man aber beachten, dass das Eigenschaftswort in Geschlecht und Zahl mit dem Hauptwort übereinstimmt.

az-zalame kebîr.
der-Mann groß
Der Mann ist groß.

aṯ-ṯarîq ṯawîl.
der-Weg lang
Der Weg ist lang.

al-bint kaslâna.
das-Mädchen faul(w)
Das Mädchen ist faul.

Setzt man vor das Eigenschaftswort auch den bestimmten Artikel **al,** bildet man keinen Satz, sondern bestimmt das Hauptwort näher:

az-zalame al-kebîr
der-Mann der-groß
der große Mann

aṯ-ṯarîq aṯ-ṯawîl
der-Weg der-lang
der lange Weg

al-bint al-kaslâna
das-Mädchen das-faul
das faule Mädchen

Mit diesen Mitteln kann man auch schon kompliziertere Sätze bilden:

az-zalame al-kebîr marîḏ.
der-Mann der-groß krank
Der große Mann ist krank.

al-bint al-kaslâna ta*bâna.
das-Mädchen das-faul müde
Das faule Mädchen ist müde.

aj̱-j̱au kuwaiyis al-yôm.
das-Wetter gut der-Tag
Das Wetter ist gut heute.

al-umm za*lâna.
die-Mutter verärgert(w)
Die Mutter ist verärgert.

Mehrzahl (Plural)

Für weibliche und männliche Haupt- und Eigenschaftswörter gibt es je eine regelmäßige Mehrzahlform:

- **-în** am Wortende (Mehrzahl männlich)
- **-ât** anstelle von **-a** (Mehrzahl weiblich)

Der Artikel **al** *(der, die) heißt in der Mehrzahl auch* **al** *(die)!*

Viele Wörter haben aber eine unregelmäßige Mehrzahlform, z. B. **medîna** (Stadt), **mėdon** (Städte), die mit jedem Wort gleich mitgelernt werden sollte. Wem das zu mühsam ist, kann zur Not die regelmäßige Mehrzahlform verwenden (also „medînât"), und er wird lächelnd verstanden werden. Eine andere Möglichkeit ist, das Wort **ketîr** (viel) vor die Einzahlform zu setzen: **ketîr medîna** („viel Stadt" = Städte).

Regelmäßige Mehrzahlformen sind z. B.:

männliche Haupt- od. Eigenschaftswörter:

mu*allim	Meister/ Lehrer	**mu*allimîn**	Meister (Mz)
fellah	Bauer	**fellahîn**	Bauern
kaslân	faul	**kaslânîn**	faule (Mz)

weibliche Haupt- oder Eigenschaftswörter:

sêyâra	Auto	**sêyârât**	Autos
sâha	Platz	**sâhât**	Plätze
taiyâra	Flugzeug	**taiyârât**	Flugzeuge

alle durch Anhängung von **-a** *entstandene Wörter:*

tâliba	Studentin	**tâlibât**	Studentinnen
fellaha	Bäuerin	**fellahât**	Bäuerinnen
marîda	krank (w)	**marîdât**	kranke (Mz)

fast alle Lehnwörter aus europäischen Sprachen:

basbôr	Reisepass	**basbôrât**	Reisepässe
bantalôn	Hose	**bantalônât**	Hosen

Eigenschaftswörter müssen nicht nur an das grammatische Geschlecht der Hauptwörter angepasst werden (s. o.), sondern auch in der grammatischen Zahl. Steht das Hauptwort in der Mehrzahl, muss das dazugehörige Eigenschaftswort ebenfalls in der Mehrzahl stehen.

az-zalame kuwaiyis.
der-Mann gut
Der Mann ist gut.

az-zėlom kuwaiyisîn.
die-Männer gute
Die Männer sind gut.

al-bint ẖeluwa.
das-Mädchen schöne
Das Mädchen ist schön.

al-banât ẖeluwât.
die-Mädchen schöne(Mz)
Die Mädchen sind schön.

Ente / Enti helou!
Du bist schön!

Steht das Eigenschaftswort jedoch mit einem Hauptwort in der Mehrzahl, das keine Person bezeichnet, bekommt das Eigenschaftswort die Endung der weiblichen Einzahl, also **-a**.

ash-shê ghâliy.
die-Sache teuer
Die Sache ist teuer.

al-ashyâ ghâliya.
die-Sachen teuer(w, Ez)
Die Sachen sind teuer.

Zweizahl (Dual)

In der arabischen Sprache gibt es eine spezielle Form für „zwei...“, die durch Anhängung von **-ên** gebildet wird. Sie findet aber nur noch bei Zeitangaben und Währungen Gebrauch:

yôm	ein Tag	**shahr**	einen Monat
yômên	zwei Tage	**shahrên**	zwei Monate
iyâm	Tage	**ashhor**	Monate
sėnna	ein Jahr	**lîra**	ein Pfund*
sėnnatên	zwei Jahre	**lîratên**	zwei Pfund*
snîn	Jahre	**lîrât**	Pfunde*

Bei weiblichen Wörtern, die auf **-a** *enden, wird in der Zweizahl* **-tên** *angehängt.*

(* Gemeint ist hier die Währung!)

zusammengesetzte Hauptwörter

Zusammengesetzte Wörter sind Wörter, bei denen ein Hauptwort durch ein anderes näher bestimmt wird. „Ledermarkt" heißt wörtlich eigentlich „Markt des Leders". Im Arabischen können diese Worte nicht einfach aneinandergefügt werden, sondern werden nach folgendem Schema gebildet. Der Artikel **al-** drückt den deutschen Wesfall (Genitiv) „des" aus:

Bei weiblichen Hauptwörtern taucht die ursprüngliche Endung **-at** *wieder auf:*

	suq	Markt
+	**jild**	Leder, Haut
=	**suq aj-jild**	„Markt des Leders" = Ledermarkt
	merkez	Zentrum
+	**medîna**	Stadt
=	**merkez al-medîna**	„Zentrum der Stadt" = Stadtzentrum
	ma<u>h</u>a<u>tt</u>a	Bahnhof
+	**(bâ<u>s</u>) bâ<u>s</u>ât** (Mz)	Busse
=	**ma<u>h</u>a<u>tt</u>at al-bâ<u>s</u>ât**	„Bahnhof der Busse" = Busbahnhof

Zusammengesetzte Hauptwörter können nicht weiter durch ein **al-** bestimmt werden. **suq aj-jild** heißt schon „der Markt des Leders". Man kann deshalb nicht noch einen bestimmten Artikel (z. B. **as-suq ...**) hinzuzufügen. Auch wenn man eine Konstruktion, wie z. B. in „das Haus der Frau" braucht, wird diese nach demselben Schema gebildet: **beit as-sitt** (wörtlich: „Haus der-Frau").

Dieses & Jenes

Die hinweisenden Fürwörter (Demonstrativpronomen) stehen immer vor dem Hauptwort, das sie bestimmen.

hâda	dieser, -s (f. männl. Hauptwörter Ez)
hai	diese (für weibliche Hauptwörter Ez)
ha-	diese (für alle Hauptwörter)
hadôl	diese (für alle Hauptwörter, die Personen bezeichnen, Mz)
hadâk	jene (für männl. Hauptwörter Ez)
hadîk	jene (für weibliche Hauptwörter Ez)

hâda aṯ-ṯarîq ṯawîl.
dieser der-Weg lang
Dieser Weg ist lang.

hai al-medîna ba*îda.
diese die-Stadt fern(w)
Diese Stadt ist fern.

Ein Hauptwort mit einem hinweisenden Fürwort erhält den Artikel **al-**!

hâda al-beit kebîr.
dieses das-Haus groß
Dieses Haus ist groß.

hai al-ashyâ jamîla.
dieses die-Dinge schön(w)
Diese Dinge sind schön.

hadôl an-nâs kuwaiyisîn.
diese die-Menschen gute(Mz)
Diese Menschen sind gut.

... hadîk as-sènna
... jenes das-Jahr
... jenes Jahr

Häufiger verbreitet und am einfachsten ist jedoch, die Vorsilbe **ha-** *(diese(r, -s), die ebenfalls mit dem bestimmten Artikel steht, zu verwenden.*

ha-al-beit
dieses-das-Haus
dieses Haus

ha-al-medîna
diese-die-Stadt
diese Stadt

Persönliche Fürwörter

Énte / Énti helou?

Wichtig ist der Unterschied zwischen den Geschlechtern bei der Anrede: **ėnte** ist „du" nur für Männer und Jungen!

ana	ich	**nėhna**	wir
ėnte	du (f. Männer)	**ėntu**	ihr
ėnti	du (f. Frauen)		
hûwe	er	**hėnne**	sie (Mz)
hîye	sie (Ez)		

Eine Höflichkeitsanrede wie „Sie" im Deutschen gibt es nicht, man sagt immer „du". Stattdessen werden Personen, denen man große Hochachtung entgegenbringt, mit **hadirtak** (für Männer) oder **hadirtek** (für Frauen) angeredet (vgl. das Kapitel „Anrede").

ėnte fellah.
du(m) Bauer
Du bist ein Bauer.

ėnti tâliba hallâ'!
du(w) Studentin jetzt
Jetzt bist du Studentin!

ana almânî/almânîya.
ich Deutscher/Deutsche
Ich bin Deutscher/Deutsche.

nėhna ajânib.
wir Fremde(Mz)
Wir sind Fremde.

Besitzanzeigende Fürwörter

Um im Arabischen ein Besitzverhältnis auszudrücken, werden bestimmte Endungen an das jeweilige Hauptwort angehängt. Dabei ist es ein Unterschied, ob das Hauptwort auf einem Mitlaut oder einem Selbstlaut endet.

Wort endet auf ...	Mitlaut	Selbstlaut
mein	**-î**	**-yi**
dein, dir, dich (m)	**-ak**	**-k**
dein, dir, dich (w)	**-ek**	**-ki**
sein, ihm, ihn	**-ô**	**-h**
ihr, ihr, sie	**-â**	**-ha**
unser, uns, uns	**-na**	**-na**
euer, euch, euch	**-kon**	**-kon**
ihr, ihnen, sie	**-hon**	**-hon**

Die Tabelle lässt bereits vielseitige Funktionen dieser Endungen erkennen! Es lohnt sich auf jeden Fall, sie zu lernen.

funduqî
Hotel-mein
mein Hotel

ismak
Name-dein(m)
dein Name

ismek
Name-dein(w)
dein Name

kitâbô
Buch-sein
sein Buch

ashyâha
Sachen-ihre
ihre Sachen

beitî beitak!
Haus-mein Haus-dein(m)
Mein Haus sei dein Haus!

Bei weiblichen Hauptwörtern kehrt die ursprüngliche Endung **-at** anstelle von **-a** wieder auf, wenn die besitzanzeigenden Fürwörter (bzw. Endungen) angehängt werden sollen. Das bedeutet, dass weibliche Hauptwörter nicht auf einem Selbstlaut enden und deshalb die besitzanzeigenden Endungen aus der linken Spalte der Tabelle angehängt bekommen:

seyâratna mu*a<u>tt</u>ala.	**hai shan<u>t</u>atâ.**
Auto-unser kaputt	*diese Tasche-ihre*
Unser Auto ist kaputt.	Dies ist ihre Tasche.

Haben, Wollen, Können, Müssen

Mit diesem Rüstzeug können Sie schon gut durchs arabische Leben kommen und viele Sätze bilden, ohne ein Verb benutzen zu müssen.

Es gibt im Arabischen eine Reihe von so genannten „Scheinverben“. Das heißt, es gibt Wendungen, die wie Verben benutzt werden. Die ursprüngliche Bedeutung ist bei diesen Wendungen so weit in den Hintergrund getreten, dass sie nicht mehr bewusst ist und die Wendungen heute wie Verben benutzt werden.

haben

Für „haben“ gibt es im Arabischen kein Verb, sondern man legt das Wort ***and** (bei) zugrunde und hängt daran die besitzanzeigenden Fürwörter an (s. Kapitel „Besitzanzeigende Fürwörter“). Wörtlich sagen die Araber „bei mir (ist)“, sie meinen jedoch „ich habe“:

***andâ sêyâra.**
bei-ihr (ein-)Auto
Sie hat ein Auto.

***andî**	ich habe	***andâ**	sie hat
***andak**	du (m) hast	***andna**	wir haben
***andek**	du (w) hast	***andkon**	ihr habt
***andô**	er hat	***andhon**	sie haben

***and** *(bei) ist übrigens ein Verhältniswort, das auch als solches verwendet wird.*

wollen

bėdd hieß ursprünglich „mit Wunsch“, wird heute aber wie ein Tätigkeitswort mit der Bedeutung „wollen“ verwendet. Die besitzanzeigenden Fürwörter werden wie oben angehängt. Die wortwörtliche Bedeutung von **bėddî** (ich will) ist etwa „Wunsch-mein“.

bėddî	ich will	**bėddâ**	sie will
bėddak	du (m) willst	**bėddna**	wir wollen
bėddek	du (w) willst	**bėddkon**	ihr wollt
bėddô	er will	**bėddhon**	sie wollen

bėddî chubz.
Wunsch-mein (ein-)Brot
Ich will/möchte ein Brot.

warten

Warten werden Sie schon gelegentlich auf Ihrer Reise; wenn Sie also „ich warte auf ...“ sagen wollen, benutzen Sie **bi-intizâr** (mit Erwartung) und hängen die Endung des besitzanzeigenden Fürwortes an, je nachdem, auf wen Sie warten:

ana bi-intizârek.
ich mit-Erwartung-dich(w)
Ich warte auf dich.

nėhna bi-intizâr al-bâs.
wir mit-Erwartung der-Bus
Wir warten auf den Bus.

geben

Die Aufforderung, etwas herüberzureichen, lautet **hât!** (gib!). „Wem" es zu geben ist, wird dabei mit dem Verhältniswort **la** (zu, für) ausgedrückt. An das **la** wird außerdem noch die Endung für „mein, dein, sein" usw. angehängt (vgl. „Besitzanzeigende Fürwörter"). Diese „Zusammensetzung" steht immer hinter **hât.**

hât as-srâfet!
gib das-Wechselgeld
Gib das Wechselgeld!

hât laha as-srâfet!
gib zu-ihr das Wechselgeld
Gib ihr das Wechselg.!

hât al-basbôr!
gib der-Reisepass
Gib den Reisepass!

hât lî al-basbôr!
gib zu-mir der-Reisepass
Gib mir den Reisepass!

können

Das Verb „können" wird am besten durch das Wort **mumkin** (es ist möglich) ausgedrückt.

mumkin hât lî as-sukkar?
möglich gib zu-mir der-Zucker
Können Sie mir den Zucker geben?

Zugleich heißt **mumkin** *auch „vielleicht".*

mumkin ènte marîd.
möglich du(m) krank(m)
Du bist vielleicht krank.

müssen

Das Wort **lâzim** (notwendig) ersetzt das deutsche Hilfsverb „müssen":

lâzim ana fi Dimashq bukra!
notwendig ich in Damaskus morgen
Ich muss morgen in Damaskus sein!

Steigern & Vergleichen

Um ein Eigenschaftswort zu steigern (z. B. groß – größer), werden die im Eigenschaftswort vorkommenden Konsonanten (Mitlaute) der Reihe nach in ein bestimmtes Schema eingesetzt:

a – K1 – K2 – **a** – K3
(**a** = der Buchstabe **a**;
K1, K2, K3 = 1., 2., 3. Konsonant)

Das Schema wird folgendermaßen angewendet: Das gesteigerte Eigenschaftswort beginnt

Es gibt eine Möglichkeit, dieses komplizierte Schema mit Hilfe des Wortes **aktar** *(mehr) zu umgehen. Sagen Sie statt* **archas** *(billiger) einfach* **aktar rèchîs** *(mehr billig), so werden Sie auch verstanden, selbst, wenn es nicht ganz korrekt ist.*

mit einem **a,** es folgen der 1. und der 2. Konsonant des Eigenschaftswortes, es folgt ein zweites **a** und schließlich der 3. Konsonant des Eigenschaftswortes. Beispiel: **rèchîs̲** (billig) besteht aus der Konsonantenfolge **r-ch-s̲.** Gemäß Schema ergibt das „a-r-ch-a-s̲“: **archas̲** (billiger). Üben Sie mit den folgenden wichtigen Eigenschaftswörtern die Steigerung:

kebîr	groß, alt	**jedîd**	neu
qadîm	alt	**marîd̲**	krank
ghâliy	teuer	**rèchîs̲**	billig
faqîr	arm	**ghaniy**	reich

Für die Bildung des Superlativs (Meistform) stellt man das Wort **shê** (Sache) hinter das gesteigerte Eigenschaftswort:

qadîm	alt	**aqdam shê**	älteste(r, -s)
ghaniy	reich	**aghnâ shê**	reichste(r, -s)
jedîd	neu	**ajdad shê**	neueste(r, -s)

Um zu sagen, dass etwas zu teuer, zu hoch, zu weit usw. ist, braucht man lediglich die Steigerung (Mehrform) zu bilden. Für den Vergleich braucht man das Wort **mèn** *(als).*

aghlâ	**ab*ad**	**aqdam**
teurer	*weiter*	*älter*
zu teuer	zu weit	zu alt

hâda aghlâ!
dieses teurer
Das ist zu teuer!

al-beit akbar mèn as-sêyâra.
das-Haus größer als das-Auto
Das Haus ist größer als das Auto.

Tätigkeitswörter (Verben)

Araber sehen als Grundform eines Verbs die Vergangenheit an. So wie man bei uns erklärt, dass Verb heißt „schreiben", sagen die Araber, das Verb heißt „er schrieb". Als Grundform nimmt man im Arabischen nämlich immer die gebeugte Form des Verbs, und zwar immer in der 3. Person Einzahl männlich, also „er", und das dann in der Vergangenheit. In dieser Form stehen alle Verben im Wörterverzeichnis.

Dass man im Arabischen die Grundform des Verbs mit „er" in der Vergangenheit angibt, hat seinen Grund. Die Verben werden nämlich gebeugt, indem an diese Form die verschiedenen Endungen für die Personen (ich, du ...) angehängt werden.

Die persönlichen Fürwörter müssen deshalb auch nicht noch einmal wiederholt werden. Oft stehen sie jedoch, wenn die betreffende Person hervorgehoben werden soll, z. B. im Satz: „Ich schreibe, aber du nicht!"

Vergangenheit

Die Grundform Vergangenheit entspricht im Deutschen gleich zwei Zeiten, und zwar der vollendeten Gegenwart (Perfekt): „ich habe geschrieben" und der einfachen Vergangenheit (Imperfekt): „ich schrieb".

Das Beugungsmuster in der Vergangenheit:

Beugungsmuster Vergangenheit

Einzahl (Ez)		Mehrzahl (Mz)	
ich	**-t**	wir	**-na**
du (m)	**-t**	ihr	**-tu**
du (w)	**-ti**		
er	**–**	sie	**-û**
sie	**-at**		

Das Beugungsmuster am Beispiel **kateb** (schreiben):

kateb	schreiben
katebt	ich schrieb
katebt	du (m) schriebst
katebti	du (w) schriebst
kateb	er schrieb
katebat	sie schrieb
katebna	wir schrieben
katebtu	ihr schriebt
katebû	sie schrieben

Wie immer gibt es leider auch Ausnahmen von der Regel, nach denen sich die Grundform bei der Beugung verändert. Dies trifft auf die folgenden drei Arten von Verben zu. Vorab jedoch noch ein kleiner Trost: Bei der 3. Person Einzahl männlich und weiblich (er, sie) sowie der 3. Person Mehrzahl (sie) verändert sich die Grundform nie!

- Verben mit doppeltem Mitlaut am Wortende hängen ein zusätzliches **-ê** an die Grundform an:

dall > dallê- (bleiben)			
dallêt	ich blieb	**dallêna**	wir blieben
dallêt	du (m) bliebst	**dallêtu**	ihr bliebt
dallêti	du (w) bliebst		
dall	er blieb	**dallû**	sie blieben
dallat	sie blieb		

●Bei Verben mit langem **-â-** in der Mitte fällt das **-â-** fort, und ein kurzes **-u-** (selten auch ein **-i-**) tritt an seine Stelle:

râh > ruh- (gehen, fahren)			
ruht	ich ging	**ruhna**	wir gingen
ruht	du (m) gingst	**ruhtu**	ihr gingt
ruhti	du (w) gingst		
râh	er ging	**râhû**	sie gingen
râhat	sie ging		

●das Verb **ėjâ** (kommen) bekommt die Grundform **jî-:**

ėjâ > jî- (kommen)			
jît	ich kam	**jîna**	wir kamen
jît	du (m) kamst	**jîtu**	ihr kamt
jîti	du (w) kamst		
ėjâ	er kam	**ėjû**	sie kamen
ėjat	sie kam		

„sein“ in der Vergangenheit

In der Gegenwart gibt es kein eigenständiges Verb für „sein“; es ist überflüssig (vgl. Kapitel „Sätze ohne Verben (Nominalsätze)“). In der

Vergangenheit braucht man jedoch eines: Die Grundform für „war“ heißt **kân.** Da es ein sehr wichtiges und dazu unregelmäßiges Verb ist, lernen Sie es am besten auswendig.

kân > **kun-** (war)			
kunt	ich war	**kunna**	wir waren
kunt	du (m) warst	**kuntu**	ihr wart
kunti	du (w) warst		
kân	er war	**kânû**	sie waren
kânat	sie war		

In alle Nominalsätze lässt sich **kân** *(war) einsetzen:*

ana kunt marîd̲ mbârich.
ich war-ich krank(m) gestern
Ich war gestern krank.

kânû bi-intizârô.
waren-sie mit-Erwartung-ihn
Sie haben ihn erwartet.

Verben, die dem Ursprung nach keine „echten“ Verben sind, wie z. B. **bėdd** (wollen), haben auch keine Grundform Vergangenheit. Die Vergangenheit dieser Ausdrücke wird daher mit vorangestelltem **kân** (war) gebildet:

Dort, wo im Deutschen ein unpersönliches „es war“ steht, benutzt man im Arabischen **kân** *(er war).*

kunt bėddî bêd̲a bass.
war-ich Wunsch-mein Ei nur
Ich wollte nur ein Ei.

kân lâzim ana kunt shâter.
war-es notwendig ich war-ich fleißig(m)
Ich musste fleißig sein.

kân *andô ketîr ma<u>s</u>ârî.
war-es bei-ihm viel Geld
Er hatte viel Geld.

Gegenwart

Die Gegenwartsform eines Verbs wird aus der Grundform Vergangenheit abgeleitet. Es entfällt jeweils der erste Selbstlaut nach dem ersten Mitlaut. So wird z. B. aus **kateb** (schreiben; Grundform Vergangenheit) die Grundform Gegenwart: **-kteb**. An diese neue Grundform der Gegenwart werden wie im folgenden Beugungsmuster wiederum Vor- und Nachsilben angehängt:

Einzahl (Ez)		Mehrzahl (Mz)	
ich	**bė-**	wir	**mnė-**
du (m)	**bėtė-**	ihr	**bėtė-...-u**
du (w)	**bėtė-...-i**		
er	**bėyė-**	sie	**bėyė-...-u**
sie	**bėtė-**		

Beugungsmuster Vergangenheit

bėyėkteb	schreiben
bėkteb	ich schreibe
bėtėkteb	du (m) schreibst
bėtėktebi	du (w) schreibst
bėyėkteb	er schreibt
bėtėkteb	sie schreibt
mnėkteb	wir schreiben
bėtėktebu	ihr schreibt
bėyėktebu	sie schreiben

Hier ist das Beugungsmuster wieder auf das Verb **kateb**, **-kteb** *(schreiben) angewandt.*

In den Wörterlisten im Anhang wird die Grundform Gegenwart nach der Grundform Vergangenheit aufgeführt, und zwar wieder in der 3. Person Einzahl männlich, für das obige Beispiel ist das **bėyėkteb** (er schreibt). In das Beugungsmuster kann jedes Verb eingesetzt werden. In einigen Fällen verändert die Grundform Gegenwart jedoch noch nach anderen Regeln seine Gestalt:

- Hat die Grundform Vergangenheit hinter dem ersten Mitlaut gar keinen Selbstlaut, wie z. B. **stanna** (warten), so ist sie mit der Grundform Gegenwart identisch.
- Endet die Grundform auf **-a**, **-â** oder **-î**, werden diese Selbstlaute von den Beugungsnachsilben **-i** und **-u** „verschluckt“ bzw. ersetzt:

bėyėstanna	warten
bėstanna	ich warte
bėtėstanna	du (m) wartest
bėtėstanni	du (w) wartest
bėyėstanna	er wartet
bėtėstanna	sie wartet
mnėstanna	wir warten
bėtėstannu	ihr wartet
bėyėstannu	sie warten

- Unverändert bleiben auch alle Verbstämme, die einen Doppelmitlaut haben, z. B.:

dall	er blieb	**bėyėdall**	er bleibt
wassal	er brachte hin	**bėyėwassall**	er bringt hin

●Bei allen Verben mit Stimmabsatz ' (**Hamza'**) am Anfang fällt der Stimmabsatz mit den Beugungsvorsilben zu einem langen **â-** zusammen. **'achod** (nehmen; Grundform Vergangenheit) z. B. wird in der Gegenwart also folgendermaßen gebeugt:

'achod > **âchod**	nehmen
bâchod	ich nehme
bėtâchod	du (m) nimmst
bėtâchodi	du (w) nimmst
bėyâchod	er nimmt
bėtâchod	sie nimmt
mnâchod	wir nehmen
bėtâchodu	ihr nehmt
bėyâchodu	sie nehmen

●Verben mit einem langen **-â-** in der Mitte: Das **-â-** wird durch ein langes **-û-** (selten auch **-î-**) ersetzt:

râh	er ging/fuhr	**bėyėrûh**	er geht/fährt
shâf	er sah	**bėyėshûf**	er sieht

●Verben mit langem **-â** oder **-ê** am Wortende: Aus **-â** und **-ê** wird immer ein langes **-î:**

hakê	er redete/sprach	**bėyėhkî**	er spricht

Kombiniert man in der Gegenwart die „Scheinverben“ **mumkin** (möglich, vielleicht), **lâzim** (notwendig) oder **bėdd** (wollen) mit „echten“ Verben, entfällt bei den „echten“ Verben das **bė-** der Beugungsvorsilbe. Bei der 1. Person Einzahl (ich) fällt nur das **b-** fort, bei der 1. Person Mehrzahl (wir) das **m-**.

bėrûh.	**lâzim ėrûh.**
ich-gehe	*notwendig ich-gehe*
Ich gehe (fort).	Ich muss (fort)gehen.

bėddî ėkteb.
Wunsch-mein ich-schreibe
Ich will schreiben.

Ein weiteres wichtiges Wort, das vor die Grundform in der Gegenwart gestellt werden kann, lautet ***âm** und zeigt an, wenn etwas gerade jetzt oder auch jetzt und darüber hinaus für längere Zeit geschieht. Auch hier entfällt das **bė-** der Beugungsvorsilbe, in der 1. Person Ez (ich) jedoch nur das **b-** und in der 1. Person Mz (wir) das **m-** (wie oben schon beschrieben):

***âm** *kann nicht wörtlich übersetzt werden und steht deshalb in der wörtlichen Übersetzung als „JETZT".*

shû *âm tėhkî?	***âm ėdris huqûq.**
was JETZT du-redest	*JETZT ich-studiere Recht*
Was sagst du gerade?	Ich studiere Jura.

Zukunft

Die Zukunft wird gebildet, indem das Wort **râh** vor das Verb in der Gegenwart gestellt wird. **râh** ist aus dem Verb „gehen" entstanden. Die Form sieht genauso wie die Grundform in der Vergangenheit aus, ist hier aber die Zukunftspartikel (abgekürzt: ZUK).

Dabei entfällt beim Verb allerdings die Beugungsvorsilbe **bė-,** für die 1. Person Einzahl (ich) allerdings nur **b-** und für die 1. Person Mehrzahl (wir) das **m-!**

kateb	*schrieb-er*	er schrieb
bėyėkteb	*er-schreibt*	er schreibt
râh̲ yėkteb	*ZUK er-schreibt*	er wird schreiben
râh̲ ėkteb	*ZUK ich-schreibe*	ich werde schreiben

ana râh̲ ėshrab bîra bukra.
ich ZUK ich-trinke Bier morgen
Ich werde morgen Bier trinken.

râh̲ yėkteb risâla.
ZUK er-schreibt Brief
Er wird einen Brief schreiben.

nėh̲na râh̲ nėshûf Qala*at al-H̲os̲n ba*dên.
wir ZUK wir-sehen Burg die-Festung danach
Wir werden den Crac de Chevaliers danach sehen.

hîye s̲ârat muwaz̲z̲afa as-sėnna al-mâd̲îya.
sie wurde Beamtin das-Jahr das-alte
Sie wurde letztes Jahr Beamtin.

lâ, ma bėyės̲îr!
nein, nicht es-wird
Nein, so geht's nicht!

s̲âr al-waqt mumill.
wurde-es die-Zeit langweilig
Es wurde langweilig.

Das deutsche Verb „werden" heißt **sâr, bėyėsîr**, *wird aber anders als im Deutschen nicht für die Zukunft gebraucht.*

wichtige Verben

	Vergangenheit	Gegenwart
ansehen	**tfarraj**	**bėyėtfarraj**
beschimpfen	**sebb**	**bėyėsebb**
bestellen	**talab**	**bėyėtlab**
bezahlen	**dafa***	**bėyėdfa***
bringen	**jâb**	**bėyėjîb**
jmd. einladen	***azem**	**bėyė*zem**
erklären	**sharah**	**bėyėshrah**
essen	**'akol**	**bėyâkol**
fotografieren	**sawwer**	**bėyėsawwer**
geben	***atâ**	**bėyė*tî**
gehen, fahren	**râh**	**bėyėrûh**
lesen	**qara**	**bėyėqra**
lieben	**habb**	**bėyėhabb**
machen, tun	***amal**	**bėyė*mal**
nachdenken	**fakkar**	**bėyėfakkar**
nehmen	**'achod**	**bėyâchod**
sagen	**qâl**	**bėyėqûl**
schlafen	**nâm**	**bėyėnâm**
sehen	**shâf**	**bėyėshûf**
sprechen, reden	**hakê**	**bėyėhkî**
trinken	**sharab**	**bėyėshrab**
verlassen	**tarak**	**bėyėtrak**
verstehen	**fahem**	**bėyėfhem**
wählen (aus-)	**chtâr**	**bėyėchtâr**
wissen, kennen	***aref**	**bėyė*ref**
wohnen	**saken**	**bėyėsken**
zeigen	**farjê**	**bėyėfarjî**

Partizip

Mit dem 1. Partizip des Verbs (dem Mittelwort der Gegenwart; z. B. „gehend, sitzend, essend" usw.) eröffnet sich die Möglichkeit, die Beugung der Verben zu umgehen. Dabei wird das persönliche Fürwort mit dem Partizip kombiniert, z. B. bedeutet **fâhim** wörtlich: „verstehend-ich", das Ergebnis heißt: „ich verstehe"! Die wortwörtliche Übersetzung hört sich im Deutschen natürlich sehr falsch an, im Arabischen wird das Partizip als Ersatzform für die Gegenwart hingegen häufig gebraucht und ist grammatikalisch völlig korrekt.

Das Partizip lässt sich nach einer Regel vom Verb ableiten, die allerdings viele Ausnahmen hat und deshalb nicht weiter erläutert wird. Zudem ist nicht jedes Partizip gebräuchlich. Es empfiehlt sich daher, die wichtigsten Partizipien auswendig zu lernen.

Beim Gebrauch des Partizips muss außerdem Folgendes beachtet werden: Will man eine Frau ansprechen, z. B. „du (w) schreibst", oder über eine Frau etwas sagen, z. B. „sie schreibt", wird an das Partizip die bereits bekannte weibliche Endung **-a** angehängt. In der Mehrzahl wird **-în** oder **-ât** an das Partizip gehängt, je nachdem, ob nur über Männer bzw. Männer und Frauen gleichermaßen (Endung **-în**) oder nur über Frauen (Endung **-ât**) geredet wird.

Tätigkeitswörter (Verben)

Grundform		Partizip	
Angst haben	**châf**	ängstlich	**châyif**
bezahlen	**dafa***	bezahlend	**dâfi***
bringen	**jâb**	bringend	**jâyib**
erklären	**sharah**	erklärend	**shârih**
essen	**'akol**	essend	**'âkil**
gehen, fahren	**râh**	gehend	**râyih**
kommen	**ėjâ**	kommend	**jây**
lieben	**habb**	liebend	**hâbib**
machen, tun	***amal**	machend	***âmil**
nehmen	**'achad**	nehmend	**'âchid**
reden	**hakê**	redend	**hâkî**
sagen	**qâl**	sagend	**qâyil**
schlafen	**nâm**	schlafend	**nâyim**
sehen	**shâf**	sehend	**shâyif**
trinken	**sharab**	trinkend	**shârib**
verlassen	**tarak**	verlassend	**târik**
verstehen	**faham**	verstehend	**fâhim**
warten	**stanna**	wartend	**mustanna**
wissen	***araf**	wissend	***ârif**
wohnen	**saken**	wohnend	**sâkin**

ana *ârif hâda!
ich wissend(m) dieses
Das weiß ich!

shâyifa?
sehend(w)
Hast du gesehen?

nėhna shâyifîn al-athâr mbarîh.
wir sehend(m/w, Mz) die-Ruinen gestern
Wir haben gestern die Ruinen gesehen.

In Verbindung mit dem Verb **kân** *(war), das dem Partizip vorangestellt wird, kann auch die Vergangenheit gebildet werden:*

hîye kânat shâriba bîra.
sie war-sie trinkend(w) Bier
Sie hat Bier getrunken.

Wem? oder Wen?

Für „dir, dich, mir, mich" usw. (z. B. „ich gebe dir", „ich sehe dich") werden dieselben Endungen an das Verb angehängt wie für „mein, dein" usw. Vergleichen Sie deshalb die Übersicht im Kapitel „Besitzanzeigende Fürwörter"! Die einzige Ausnahme ist: **-î** für „mein" wird zu **-ni** „mir, mich":

ana shûftkon fis-sûq.
ich sah-euch in-der-Markt
Ich sah euch im Markt.

fahimtni.
verstandest-du(m)-mich
Du hast mich verstanden.

bėyėsebbni.
er-beschimpft-mich
Er beschimpft mich.

mumkin tėshrahni hâda?
möglich du(m)-erklärst-mir dieses
Kannst du mir das erklären?

katebtak risâla.
schrieb-ich-dir(m) Brief
Ich schrieb dir einen Brief.

bukra râh nėshûfkon.
morgen ZUK wir-sehen-euch
Morgen werden wir euch sehen.

Bindewörter

Die Bindewörter (Konjunktionen) werden wie im Deutschen benutzt. Sehr wichtig ist **minshân** (um zu, damit), denn mit diesem Wort kann jeder Gegenstand und jede Handlung leicht umschrieben werden. Kennen Sie das Wort für Messer nicht? Fragen Sie einfach „eine Sache um zu essen“ und deuten die Bewegung an. Palästinenser sagen statt **minshân** übrigens ***ashân.**

Achtung: **we** *(und) verschmilzt mit dem Artikel* **al** *(der, die) zu* **wal** *(und der, und die).*

bass	aber/nur	**ba*dên**	danach
lâken	aber	**la'anno**	denn/weil
ka'anno	als ob	**ba*d ma**	nachdem
illa	außer	**walla**	oder
qabl ma	bevor	**minshân**	um zu, damit
lahatta	bis, dass ...	**we, w-**	und
hatta	bis	**illi**	welche(r, s)
inno	dass	**mitl**	wie

bėddi shê minshân al-akl.
Wunsch-mein (eine-)Sache um-zu das-Essen
Ich möchte etwas zu essen.

hâda minshân shû?
dieses um-zu was
Wofür ist das?

hâda minshân bėtėthammam ma*ah.
dieses um-zu du-wäschst(m) mit-ihm
Das ist dafür, um sich damit zu waschen.

jît minshân bėshûfek.
kam-ich um-zu ich-sehe-dich(w)
Ich kam, um dich zu sehen.

hâda ghâliy la'anno qadîm.
dieses teuer weil alt
Das ist teuer, weil es alt ist.

iza bėshûfak, mnėrû<u>h</u>!
wenn ich-sehe-dich(m), wir-gehen
Wenn ich dich sehe, gehen wir!

„Weil" heißt im Arabischen **la'anno** *und wird genauso wie im Deutschen verwendet. Ebenso wie im Deutschen wird* **iza** *(wenn) verwendet.*

Das deutsche Bindewort „dass" heißt **inno** und wird exakt so gebraucht wie im Deutschen:

ėnte bėtė*rif inno kunt marî<u>d</u>.
du(m) du-weißt(m) dass war-ich krank(m)
Du weißt, dass ich krank war.

Relativsätze werden mit **illi** (welcher, welche, welches) eingeleitet:

al-bint illi shûftâ mbarî<u>h</u> kânat Delâl.
das-Mädchen welches sah-ich-sie gestern war-sie Delâl
Das Mädchen, das ich gestern sah, war Delâl.

az-zalame illi qâl ...
der-Mann welcher er-sagte ...
der Mann, der gesagt hat ...

as-sėttât illi bėyėrû<u>h</u>u ...
die-Frauen welche sie-gehen ...
die Frauen, die ... gehen

Verhältniswörter

Die Verhältniswörter (Präpositionen) **fi**, **bi**, **la** und ***â-** verschmelzen zusammen mit dem Artikel **al-** zu **fil-**, **bil**, **lil-** und ***âl-**.

***ale, *â-**	auf, nach	**fôq**	über
***and**	bei	**taht**	unter
la	für, zu, nach	**bi**	mit, vermittels
warrâ	hinter	**mėn**	von, aus,
fi	in	***an**	von etw. fort
ma*a	mit	**qaddam**	vor (örtl.)
ba*d	nach	**qabl**	vor (zeitl.)
jamb	neben	**la*and**	zu ... hin
bidûn	ohne	**bên**	zwischen

hûwe fil-medîna.
er in-die-Stadt
Er ist in der Stadt.

ana *âs-sâha.
ich auf-der-Platz
Ich bin auf dem Platz.

mau*idna qaddam aj-jami*.
Treffpunkt-unser vor die-Moschee
Wir treffen uns vor der Moschee.

Auch an die Verhältniswörter werden die Ergänzungen für „mir, mich, dir, dich“ usw. angehängt. Es sind wieder dieselben Endungen wie für die besitzanzeigenden Fürwörter. Dabei wird **la** (für, zu, nach) und **ma*a** (mit) zusammen mit **-î** für „mich, mir“ zu **lî**, und **ma*î**.

la*andak
bei-dir(m)
bei dir

warrâk/warrâki!
hinter-dir(m/w)
Nach dir!

abadan bidûnek!
niemals ohne-dich(w)
Niemals ohne dich!

ma*ak al-haqq.
mit-dir(m) das-Recht
Du hast Recht.

Benutzt man das Verb **râh** (gehen), um zu sagen: „Ich gehe/fahre nach", entfällt das Verhältniswort **la** (nach):

al-bâs râyih Tartûs.
der-Bus fahrend Tartus
Der Bus fährt nach Tartus.

bèrûh al-medîna.
ich-gehe die-Stadt
Ich gehe in die Stadt.

Fragen

Die Fragewörter stehen in der Regel am Satzanfang.

mîn?	wer?	**wên?**	wo?
aiy?	welche(r, -s)?	**lawên?**	wohin?
kîf?	wie?	**minên?**	woher?
shû?	was?	**qaddêsh?**	wie viel?
lêsh?	warum?	**kam?**	wie viel?
ėmta?	wann?	**na*am?**	wie bitte?

wên al-maḫaṯṯa?
wo der-Bahnhof
Wo ist der Bahnhof?

minên ėntu?
woher ihr
Woher seid ihr?

qaddêsh al-kilo baṯaṯa?
wieviel das-Kilo Kartoffeln
Wie viel kostet ein Kilo Kartoffeln?

qaddêsh haqq al-akl?
wieviel Preis das-Essen
Wie teuer ist das Essen?

shû hâda?
was dieses
Was ist das?

Gelegentlich, vor allem aber, wenn nach dem Besitz gefragt wird, stehen die Fragewörter aber auch hinter dem Hauptwort:

hâda beit mîn?
dieses Haus wer
Das ist wessen Haus?/Wessen Haus ist das?

An Fragewörter können können auch besitzanzeigende Fürwörter angehängt werden:

kîf hûwe?	**kîfô?**
wie er	*wie-ihm*
Wie geht es ihm?	Wie geht es ihm?

***afwan, as-sûq, wênô?**
Entschuldigung, der-Markt, wo-ihn
Entschuldigung, der Markt, wo ist der?

Fragen, die man nur mit „ja“ oder „nein“ beantworten kann (Entscheidungsfragen), haben das Fragewort **fî?** (gibt es?).

fî maiy hôn?	**fî *andkon akl?**
es-gibt Wasser hier	*es-gibt bei-euch Essen*
Gibt es hier Wasser?	Haben Sie etwas zu essen?

fî heißt nicht nur „gibt es?“, sondern auch „es gibt!“. Und deshalb kann die Antwort auf die oben gestellten Fragen lauten:

ê, fî maiy hôn.	**lâ, mâ fî maiy hôn.**
ja, es-gibt Wasser hier	*nein, nicht es-gibt Wasser hier*
Ja, es gibt hier Wasser.	Nein, es gibt hier kein Wasser.

Wie im Deutschen kann jedoch auch jeder Aussagesatz als Frage ausgesprochen werden, indem man einfach am Ende des Satzes die Stimme etwas anhebt.

Verneinung

Bei der Verneinung verändert sich die Satzstellung nicht. Es wird lediglich das Verneinungswort **mû** (nicht) dem Eigenschaftswort bzw. **mâ** (nicht) dem Verb vorangestellt. Im palästinensischen und libanesischen Dialekt benutzt man statt des Verneinungswortes **mû** (nicht) das Wort **mesh** (nicht).

●Nominalsätze, also Sätze ohne Verben, werden durch das Wort **mû** (nicht) verneint; **mû** steht immer vor dem Eigenschaftswort.

al-beit mû zghîr.
das-Haus nicht klein
Das Haus ist nicht klein.

al-funduq mû wėsich.
das-Hotel nicht dreckig
Das Hotel ist nicht dreckig.

ana mû kebîr.
ich nicht groß(m)
Ich bin nicht groß.

al-akl mû kuwaiyis.
das-Essen nicht gut
Das Essen ist nicht gut.

●Verben werden durch vorangestelltes **mâ** (nicht) verneint:

mâ shuftak mbârich.
nicht sah-ich-dich(m) gestern
Ich sah dich gestern nicht.

mâ shtėrêna sêyâra.
nicht kauften-wir Auto
Wir kaufen kein Auto.

Al-yôm ma fî akil!
Heute gibt's nichts! [zu Essen]

ma bė*rif.
nicht ich-weiß
Ich weiß nicht.

lêsh ma bėtėstanna?
warum nicht du-wartest(m)
Warum wartest du nicht?

● ***and** (haben) und **bėdd** (wollen), ebenso **fî** (es gibt) werden verneint, indem ebenfalls **mâ** (nicht) vorangestellt wird.

ma *andî ketîr masâri.
nicht bei-mir viel Geld
Ich habe nicht viel Geld.

mâ fî kėll shê hôn.
nicht es-gibt alle Sache hier
Es gibt hier nicht alles.

● Für „nie“, „niemand“, „nirgends“ und „nichts“ braucht man im Arabischen eine besondere Konstruktion. Dabei wird das Verb (oder das „Scheinverb“) verneint und ein zusätzliches Wort hinter das Verb (oder „Scheinverb“) gestellt.

Dasselbe funktioniert auch bei Sätzen ohne Verben (Nominalsätze). Dann umschließt die Verneinungskonstruktion das Eigenschaftswort. Aber Achtung: Dann steht statt **mâ** die Verneinug **mû**!

mâ ... abadan	nie, niemals	**mâ hadda**	niemand
nicht ... niemals		*nicht jemand*	
mâ ... bi-matrah	nirgends	**mâ ... shê**	nichts
nicht ... bei-Ort		*nicht ... Sache*	

mâ *andî shê!
nicht bei-mir Sache
Ich habe nichts!

mâ bėddî shê.
nicht Wunsch-mein Sache
Ich möchte nichts.

mâ schuft shê.
nicht sah-ich Sache
Ich habe nichts gesehen.

mâ fî shê hènîk.
nicht es-gibt Sache dort
Dort gibt es gar nichts.

mâ laqêtô bi-maṯraẖ.
nicht fand-ich-ihn bei-Ort
Ich habe ihn nirgends gefunden.

Der nebenstehende Satz „Ich habe niemals Angst." ist ein Satz ohne Verb (Nominalsatz). Daher wird das Verneinungswort **mû** *gebraucht, da ja ein Eigenschaftswort verneint wird (s. o.)!*

mâ ẖadda maujûd?
nicht jemand anwesend
Ist niemand da?

ana mû châyif abadan.
ich nicht ängstlich(m) niemals
Ich habe niemals Angst.

Auffordern

Die Regeln, nach denen die Befehlsform der Verben gebildet werden, sind zu kompliziert, um sie hier zu erklären. Außerdem gibt es größere Unterschiede zwischen dem syrischen und palästinensischen Dialekt. Das beste ist, die wichtigsten Befehlsformen auswendig zu lernen und weitere bei Bedarf in der Wörterliste im Anhang nachzuschlagen, wo sie unter der Grundforjm des Verbs verzeichnet sind.

Befehls-form	Grundform Vergangenh.	in Syrien, im Libanon	überall sonst
trink!	**sharab**	**shrâb!**	**ishrab!**
nimm!	**'achod**	**chôd!**	**chôd!**
iss!	**'akal**	**kul!**	**kul!**
mach!	***amal**	***mâl!**	**i*mal!**
komm!	**ėjâ**	**ta*â!**	**ta*âl!**
bring!	**jâb**	**jîb!**	**jîb!**
sag!	**qâl**	**qûl!**	**qûl!**
geh!	**râh**	**rûh!**	**rûh!**
schau!	**shâf**	**shûf!**	**shûf!**
kauf!	**shtara**	**shtėra!**	**ishtrî!**

Wird eine Frau mit diesen Befehlsformen angesprochen, so wird ein **-i** *an die Befehlsform gehängt. Spricht man eine Gruppe an (egal ob Männer oder Frauen), wird ein* **-u** *angehängt.*

shrabi! (w) trink! **chôdi!** (w) nimm! **kulu!** (Mz) esst! **rûhu!** (Mz) geht! haut ab!

Zahlen & Zählen

Obwohl die bei uns gebräuchlichen Ziffern arabisch genannt werden, sind im östlichen Teil der arabischen Welt andere Ziffern in Gebrauch. Dort werden sie „indische Ziffern" genannt: **al-arqâm al-hindîya.** In Europa übernahm man die im Mittelalter in Spanien gebräuchlichen Ziffern. In handgeschriebener Form sehen die Ziffern etwas anders aus als die hier abgebildeten gedruckten.

٠	١	٢	٣	٤	٥	٦	٧	٨	٩
0	1	2	3	4	5	6	7	8	9

Grundzahlen

0	**sifr**		
1	**wâhed**	6	**sitta**
2	**itnên**	7	**sab*a**
3	**tlâte**	8	**tėmânye**
4	**arba*a**	9	**tis*a**
5	**chamse**	10	***ashara**

Die Zahlen von 11 bis 19 enden auf **-ashr**.

11	**hidashr**	16	**sittashr**
12	**itnashr**	17	**sab*atashr**
13	**tlâtashr**	18	**tamantashr**
14	**arba*tashr**	19	**tis*atashr**
15	**chamstashr**		

Die Zehner (außer der Zahl 10) enden auf **-în**.

20	***ishrîn**	60	**sittîn**
30	**tlâtîn**	70	**sab*în**
40	**arba*în**	80	**tamanîn**
50	**chamsîn**	90	**tis*în**

Die Verbindung der Zehner und Einer erfolgt durch **we** (und), so dass wie im Deutschen der Einer vor dem Zehner steht. **wâhed we *ishrîn** heißt wörtlich „eins und zwanzig“:

21	**wâhed we *ishrîn**
22	**itnên we *ishrîn**
	usw.

Die Zahlen von 100 bis 900 enden auf **mîya** (w). Ausnahme: 200 ist die Zweiform (Dual) von **mîya.**

100	**mîya**	600	**sittmîya**
200	**mîyatên**	700	**sab*amîya**
300	**tlâtmîya**	800	**tėmantmîya**
400	**arba*mîya**	900	**tis*amîya**
500	**chamsmîya**		

Die Tausender enden auf **-alâf.** 1000 heißt **alf,** und 2000 ist wieder die Zweiform (Dual) von 1000.

1000	**alf**	6000	**sittatalâf**
2000	**alfên**	7000	**sab*atalâf**
3000	**tlâtalâf**	8000	**tamânyetalâf**
4000	**arba*atalâf**	9000	**tis*atalâf**
5000	**chamsatalâf**		

Alle weiteren Zahlen werden durch Zusammensetzen wie im Deutschen gebildet:

itnashr alf we chamsmîya
zwölf tausend und fünf-hundert
zwölftausendfünfhundert (12.500)

wâhed we *ishrîn alf we tlâtmîya we sab*atashr
eins und zwanzig tausend und drei-hundert und siebzehn
21.317

„Million" heißt auch im Arabischen **milyôn!**

***andî chamstashr bantalôn.**
bei-mir fünfzehn Hose(Ez)
Ich habe fünfzehn Hosen.

Die Gegenstände (oder die Personen), die man zählt, stehen hinter dem Zahlwort in der Einzahl.

Ausnahme: Nur bei den Zahlen 3 bis 10 stehen die Gegenstände (oder die Personen) in der Mehrzahl:

bass *heißt sowohl „nur“ als auch „aber“!*

bass ana, *andî sitta banṯalônât bass.
aber ich, bei-mir sechs Hosen(Mz) nur
Ich aber habe nur sechs Hosen.

Grundrechenarten

Addition	(plus, und)	**we**
Substraktion	(minus, weniger)	**nâqis̱**
Multiplikation	(mal)	**fi**
Division	(geteilt durch)	***alê**
Ergebnis	(gleich)	**hâda**

iṯnashr *alê tlâte hâda arba*a
zwölf über drei dieses vier
12 geteilt durch 3 gleich 4

itnên fi chamse hâda *ashara
zwei in fünf dieses zehn
2 mal 5 gleich 10

Ordnungszahlen

Die Ordnungszahlen verhalten sich wie Eigenschaftswörter und müssen wie diese bei Bedarf dem weiblichen Hauptwort angepasst werden. Ausnahme: „die erste“ heißt **al-ûlâ**! Die Ordnungszahlen stehen immer mit dem Artikel **al** (der, die).

al-auwal, al-ûlâ	erste(r)
at-tâni, -a	zweite(r)
at-tâlet, -a	dritte(r)
ar-râbe*, -a	vierte(r)
al-châmes, -a	fünfte(r)
as-sâdes, -a	sechste(r)
as-sâbe*, -a	siebte(r)
at-tâmen, -a	achte(r)
at-tâse*, -a	neunte(r)
al-*âsher, -a	zehnte(r)

Von „11." (elfter, elfte) an werden die Grundzahlen als Ordnungszahlen benutzt.

kan az-zalame at-tâlet kebîr.
war-er der-Mann der-dritte groß
Der dritte Mann war groß.

kan az-zalame al-itnashr kebîr.
war-er der-Mann der-zwölf groß
Der zwölfte Mann war groß.

Die Zahlwörter „erstens, zweitens" usw. werden mit der Ordnungszahl und nachgestelltem **shê** (Sache) gebildet:

auwal shê *erste Sache*	erstens	**tâni shê** *zweite Sache*	zweitens
tâlet shê *dritte Sache*	drittens	**râbe* shê** *vierte Sache*	viertens

Bruchzahlen

1/2	**nuss**	1/4	**rub***
1/3	**tilt**	1/5	**chums**

Zeit & Datum

Allgemeine Zeitangaben stehen im Satz meist an letzter Stelle.

wichtige Zeitwörter

ba*dên	danach, gleich	**hallâ'**	jetzt
mbarîḥ	gestern	**bukra**	morgen
al-yôm	heute	**ba*d bukra**	übermorgen
der-Tag		*nach morgen*	

jît mbarîḥ.
kam-ich gestern
Ich kam gestern.

hât al-ktâb halla'!
gib das-Buch jetzt
Gib das Buch jetzt!

râḥ ėsâfir bukra.
ZUK ich-reise morgen
Ich werde morgen abreisen.

Uhrzeit

Die Stunde wird einfach mit einer Grundzahl bezeichnet; „vor" wird mit **illa** (weniger) und „nach" mit **we** (und) ausgedrückt; **sâ*a** heißt „Uhr" und auch „Stunde":

as-sâ*a sitta.
Stunde sechs
Es ist sechs Uhr.

as-sâ*a arba*a we nuṣṣ.
Stunde vier und halb
Es ist halb fünf.

as-sâ*a tlâte illa rub*.
Stunde drei weniger viertel
Es ist Viertel vor drei.

as-sâ*a itnên we tilt.
Stunde zwei und drittel
Es ist zwei Uhr zwanzig.

as-sâ*a chamse we sab*atashr.
Stunde fünf und siebzehn
Es ist fünf Uhr siebzehn.

qaddêsh as-sâ*a?
(wie spät?) ist oft die Frage, mit der die Sprachfertigkeit von Ausländern geprüft wird. Seien Sie um eine Antwort nicht verlegen.

Wochentage

(yôm) as-sabt	Samstag („Sabbat“)
(yôm) al-ahd	Sonntag
(yôm) al-itnên	Montag
(yôm) at-talâte	Dienstag
(yôm) al-arba*a	Mittwoch
(yôm) al-chamîs	Donnerstag
(yôm) aj-jum*a	Freitag („Tag der Versammlung“)

Monate

In der arabischen Welt gibt es zwei Zeitrechnungen, die christliche und die moslemische, die je nach Staat unterschiedlich wichtig sind. In der moslemischen Zeitrechnung liegt das Mondjahr mit 354 Tagen zugrunde, das in zwölf Monate eingeteilt ist. Die Monate des moslemischen Kalenders „wandern“ daher durch den christlichen Kalender, sie heißen:

Der 9. Monat ist der „Fastenmonat“, der 12. ist der „Pilgermonat“.

1.	**al-muharram**	7.	**rajab**
2.	**safar**	8.	**sha*bân**
3.	**rabî* al-auwal**	9.	**ramadân**
4.	**rabî* at-tâni**	10.	**shauwâl**
5.	**jumâda al-ûla**	11.	**zû al-qa*da**
6.	**jumâda al-achira**	12.	**zû al-hėjja**

Die Monate der christlichen Zeitrechnung tragen Namen aus der alten syrischen Sprache, die vor dem Arabischen im Nahen Osten gesprochen wurde:

kânûn at-tâni	Januar
shėbât	Februar
âzâr	März
nîsân	April
aiyâr	Mai
hėzêrân	Juni
tammûz	Juli
âb	August
ailûl	September
tishrîn al-auwal	Oktober
tishrîn at-tâni	November
kânûn al-auwal	Dezember

Maße & Gewichte

Die traditionellen Gewichtseinheiten wurden auch in den arabischen Ländern vom metrischen System verdrängt. Einzig Süßigkeiten und Nüsse werden noch in **uqîya** (nach Stadt verschieden etwa 1/4 Kilo) ausgewogen.

kam ghram al-uqîya hôn fi Dimashq?
wieviel Gramm die-Uqiye hier in Damaskus
Wie viel Gramm ist die Uqiye hier in Damaskus?

Achtung: Das arabische Wort **kîlo** *bedeutet sowohl „Kilogramm" als auch „Kilometer"!*

mėn hėnîk la Beṯrâ mîyat kîlo.
von dort nach Petra hundert Kilometer
Von dort nach Petra sind es 100 Kilometer.

jordanisches Münzsystem

Etwas verwirrend ist das jordanische Münzsystem, da die einzelnen Münzen auf dem Markt inoffizielle Namen tragen:

lîra	auch für: **dînâr**	**shilling**	= 25 **fils**
dirham	= 100 **fils**	**qirsh**	= 10 **fils**

Angegebene Zahlen beziehen sich dabei auf „Piaster": arab. **qirsh**, **qurûsh** (Mz), also 10 **fils**.

chamsṯashr heißt **15 qirsh** oder **150 fils** und ist das gleiche wie **dirham we nuss** („100 **fils** und einhalb" = 150 **fils**).

142

Kurz-Knigge

So vieles ist anders in der arabischen Welt, dass man vorschnell über das urteilt, was einem besonders fremd erscheint, z. B. dass einige Frauen mit einem Kopftuch bekleidet sind oder dass die Männer unter der heißen Sonne nie eine Shorts tragen würden. Aber was kann man solchen Äußerlichkeiten schon entnehmen? Unter dem Kopftuch kann eine streng religiöse Frau stecken, vielleicht aber auch eine aufgeklärte Studentin, die damit ihre Identität als Frau in einer Männergesellschaft definiert.

Wer als Fremder in diesen Ländern geachtet werden will, sollte vermeiden, durch zu dürftige **Kleidung** in den Augen der Einheimischen lächerlich oder gar schamlos zu wirken. Genaue Regeln sind schwer aufzustellen. Im europäisierten Ostteil von Beirut gibt man sich in diesem Punkt z. B. viel freier als auf dem Lande. Sie machen jedoch nichts falsch, wenn Sie als Mann kurze Hosen und ärmellose T-Shirts vermeiden, als Frau einen Rock bis über die Knie oder Hosen tragen und Ihre Schultern und Ihr Dekolleté bedeckt halten.

In einigen Ländern, vor allem auf der arabischen Halbinsel, werden weit strengere Maßstäbe an die Kleidung der Frauen gestellt. In diesem Fall sollten Sie die Hose im Koffer behalten, einen Rock und eine langärmelige Bluse tragen. Ein BH ist stets empfehlenswert.

„Ein Lächeln wird in aller Welt verstanden" heißt es – mehr aber auch nicht, könnte man meinen, wenn man bedenkt, wie verschieden die **Mimik und Gestik** im Nahen Osten sein kann. Ein bei uns empört wirkendes Zungenschnalzen, wobei der Kopf hochgezogen wird, heißt einfach „Nein!" und ist überhaupt nicht unhöflich. Die folgenden Zeichnungen sollen die Zeichensprache verdeutlichen:

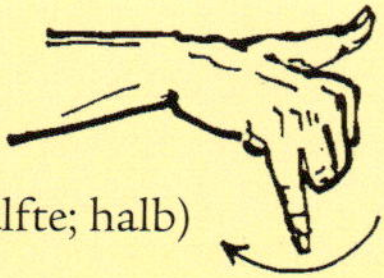

nuss (Hälfte; halb)

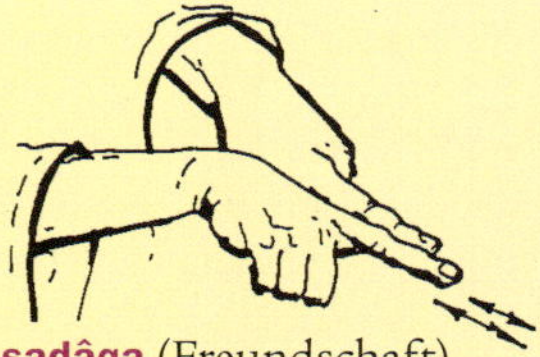

sadâqa (Freundschaft)

ˆ**tâ*a!** (m), **tâ*i!** (w) (Komm!)

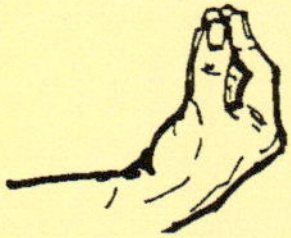

shwaiy (langsam, wenig)

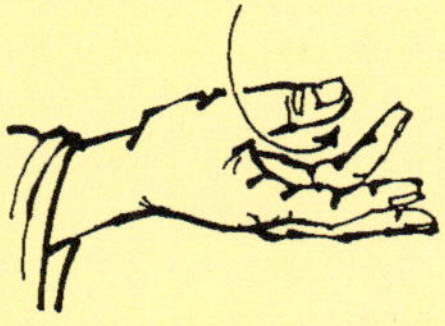

shû? (Was ist?)

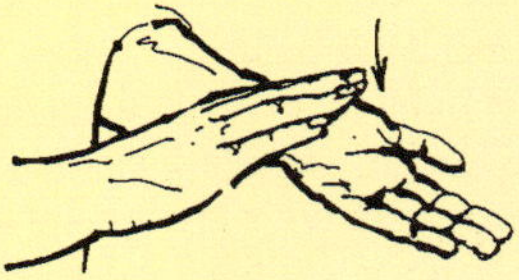

shahâda/hâwîya (Bescheinigung/Ausweis)

Speziell moslemisch ist der Fastenmonat **Ramadan**. Moslems essen, trinken und rauchen nicht von Sonnenauf- bis Sonnenuntergang. Vermeiden Sie dies ebenso in der Öffentlichkeit, auch wenn Sie nur in einigen Ländern, wie z. B. in Jordanien, eine Strafe dafür erwartet!

Der Islam verbietet den **Alkohol**, und selbst, wenn dies nicht mehr von allen so wörtlich genommen wird, so wird Trunkenheit bzw. stärkerer Alkoholgenuss allgemein verachtet.

Als Frau alleine durch arabische Länder zu reisen, ist zwar nicht unmöglich, aber schwerer als für Männer. Dass eine Frau allein unterwegs ist, wird kaum verstanden, gelegentlich sogar als Einladung missdeutet. Die Klischeevorstellungen hinsichtlich der Geschlechter zwischen der europäischen und der arabischen Kultur leiden seit jeher unter wechselseitigen Projektionen. Dazu gehört beispielsweise, dass europäische Frauen in den Augen der Araber gerne auf sexuelle Angebote eingehen.

Versuchen Sie als Frau von Anfang an, diesen Eindruck gar nicht erst aufkommen zu lassen! Treten Sie selbstbewusst und distanziert auf, auch wenn Sie gelegentlich die gewohnte Freiheit aufgeben müssen. Die Tradition gebietet es, Frauen zu schätzen und zu ehren. Sollte es an Respekt einer europäischen Frau gegenüber mangeln, können folgende Wendungen vielleicht helfen, dass sich die arabischen Männer auf ihre Normen besinnen. Wirklich bedrohliche Situationen gibt es sehr viel seltener als bei uns.

lau samaht trakni bi-hâlî!
falls erlaubst-du(m) lass-mich bei-Lage-mein
Erlauben Sie, lassen Sie mich in Ruhe!

istihi!	***aib!**	**ichras!**
Schäm dich!	Schande!	Halt's Maul!

Mit dem folgenden Satz fragen Sie Ihren „Plagegeist", ob er es nicht gelernt hat, Frauen zu ehren:

mâ *andak uchwât banât?
nicht bei-dir(m) Geschwister Mädchen
Hast du keine Schwestern?

Begrüßen & Verabschieden

Reich ist der Fundus, den die arabische Sprache an Begrüßungsformeln bereithält. Der Moslem grüßt anders als der Christ, der Bauer anders als der Beduine. In der richtigen Situation den angemessenen Gruß bereitzuhaben, ist oft erfolgreicher, als einen Satz korrekt zu bilden. Viele Grüße sind auch an Situationen gebunden, wenn z. B. etwas gekauft wurde oder jemand aus dem türkischen Bad kommt. Diese Grüße werden dann an entsprechender Stelle vorgestellt.

Jeder Gruß fordert einen feststehenden Gegengruß als Antwort. Hören Sie einen Gruß, wissen aber nicht, wie man darauf normalerweise antwortet, erwidern Sie einfach **shukran** (danke).

In allen Situationen passt die Begrüßung mit **merhaba** *(hallo).*

mer<u>h</u>aba!	**mer<u>h</u>abtên!**
willkommen	*willkommen-zwei*
Hallo!	Hallo! (Antwort)

Für Ausländer in arabischen Ländern ist der Gruß „guten Morgen“ angemessen, der bis etwa zwölf Uhr mittags benutzt wird. „Guten Abend“ wird ab fünf Uhr gewünscht, dazwischen heißt es **mer<u>h</u>aba.**

<u>s</u>ėbâ<u>h</u> al-chêr!	**masa al-chêr!**
Morgen der-Güte	*Abend der-Güte*
Guten Morgen!	Guten Abend!

Dusbeth alla chair!
Schlaf schön!

Die Antworten lauten:

ṣèbâḫ an-nûr!
Morgen des-Lichtes
Einen schönen Morgen!

masa an-nûr!
Abend des-Lichtes
Einen schönen Abend!

Benutzen Sie immer nur die rechte Hand, um jemandem die Hand zu schütteln, zu essen oder etwas zu überreichen, die linke gilt als „unrein"!

Grüßen sich zwei Araber, so befragen sie sich gegenseitig nach der „Lage" (arab. **ḫâl**), der Stimmung, der Gesundheit, der Familie und nach den Neuigkeiten aus. Dies ist eine unerlässliche Einleitung des Gespräches. Gute Freunde oder Freundinnen des gleichen Geschlechts begrüßen sich mit Umarmungen und angedeuteten Wangenküssen. Unter guten Bekannten ist es üblich, sich die Hände zu schütteln.

kif halak ?

kîfak? (zum Mann)
wie-du(m)
Wie geht's dir?

kîfek? (zur Frau)
wie-du(w)
Wie geht's dir?

Besonders in Syrien, aber auch am Golf und in Kuwait, ist an dieser Stelle die folgende Frage üblich:

shlônak? (zum Mann)
was-Farbe-dein(m)
Wie geht's dir?

shlônek? (zur Frau)
was-Farbe-dein(w)
Wie geht's dir?

bi-chêr, al-ḫamdulillah!
mit-Güte, der-Dank-Gottes
Gut! Gott sei Dank! (Antwort)

"Beduinensprache"

od.: ana mabsût

mabsût, al-hamdulillah! (sagt der Mann)
mabsûta, al-hamdulillah! (sagt die Frau)
zufrieden(m/w), der-Dank-Gottes
Ich bin zufrieden, Gott sei Dank! (Antwort)

Eine einfache Antwort ist auch **al-hamdulillah!**

Der Dank Gottes ist wichtig und wird oft vom Fragenden nochmals wiederholt, nachdem er eine gute Antwort gehört hat. Wenn Sie sich wirklich nicht in der Lage sehen zu sagen, es gehe Ihnen gut, sagen Sie:

mâshi al-hâl!
gehend die-Lage
Es geht!

Betritt man eine Wohnung oder ein Geschäft, so hört man oft mehrmals hintereinander:

ahlan we sahlan!
Herzlich willkommen!

Antworten müssen Sie dann höflicherweise:

ahlên we sahlên!
(etwa:) Ich fühle mich willkommen!

Diese beiden Grüße lassen sich nicht wortwörtlich übersetzen.

Unter Moslems ist folgender Gruß üblich. Er ist – wie einige andere auch – direkt aus dem Hocharabischen übernommen:

as-salâmu *alaikum!
der-Segen über-euch
Segen sei mit dir/euch!

wa *alaikum as-salâm!
und über-euch der-Segen
Und über dir/euch sei Segen!

Zumindest einen situationsbedingten Gruß sollten Sie kennen und anwenden. Er wird an Personen gerichtet, die gerade arbeiten, und wer tut das nicht? Wer diesen Gruß benutzt, weist sich schon als „Kenner“ der Alltagssprache aus und genießt Hochachtung:

Illah allikà
Auf Wiedersehen!

ya*t̲ik al-*âfîye!	**allah ya*âfîk!**
er-gebe-dir(m/w) das-Wohlbefinden	*Gott er-halte-dich-gesund(m/w)*
Wohlbefinden sei dir gegeben!	Gott halte dich gesund!

Der sich Verabschiedende sagt zum Bleibenden ...

chât̲rak! *Belieben-dein(m)*	Dir gehe es gut! (zum Mann)
chât̲rek! *Belieben-dein(w)*	Dir gehe es gut! (zur Frau)
chât̲erkon! *Belieben-euer*	Euch gehe es gut! (zur Gruppe)

... worauf die anderen dem Fortgehenden erwidern:

ma*a as-salâme!
mit der-Segen
Mit Wohlergehen!

Namen

In fast allen arabischen Ländern wurde im Rahmen der Kolonialisierung das europäische Namenssystem eingeführt. Das heißt, dass heute jeder in seinen Papieren einen Vornamen **(ism)** und einen Familiennamen (**ism al-*âila** oder **kuniya**) stehen hat. Im Alltagsleben spielt jedoch nur der Vorname eine Rolle (s. Kapitel „Anrede"). Diese beginnen oft mit ***Abd** (Diener, Sklave), danach folgt eine Bezeichnung Gottes, z. B.:

***Abdallah (*Abd-Allah)**	Diener Gottes
***Abd-ar-Rahmân**	Diener des Barmherzigen
***Abd-al-*Azîz**	Diener des Mächtigen

Die häufigsten Namen leiten sich von den drei Mitlauten **h-m-d** ab, die für die Wortfamilie „preisen, ehren" stehen: **Ahmad**, **Mahmûd**. Grund: Auch der Prophet trug einen Namen aus dieser Wortfamilie, nämlich **Muhammad**.

Für Frauen werden häufig Namen aus der Umgebung des Propheten gewählt, z. B. der Name der Lieblingstochter: **Fatîma**.

Anrede

Wo man im Deutschen „mein Herr“ oder „meine Dame“ oder einfach „Hallo“ sagt, werden im Arabischen Anreden benutzt, die sich genauer auf die Person, seine Stellung oder seinen Beruf beziehen. Die richtige Anrede zu benutzen, ist natürlich Teil der Höflichkeit. Vor der Anrede steht der Ausruf **ya ...!** (etwa: „o ...!“).

Jeder junge Mann kann (auch von einer Frau) folgendermaßen angeredet werden:

Das Arabische kennt nicht wie das Deutsche eine spezielle Verbform, mit der man siezt. Man spricht sich untereinander immer mit „du“ an.

ya achî *o Bruder-mein*	o mein Bruder

Wenn der Angesprochene älter ist, empfiehlt sich:

ya sîdî *o Herr-mein*	o mein Herr

Entsprechend gilt für junge und ältere Frauen:

ya uchtî *o Schwester-meine*	o meine Schwester
ya chânem *o Dame*	o Dame

Im Folgenden eine Liste weiterer üblicher Anreden:

beut
chatra
… liebes Mädchen

ya h̲ajj̲î *o Pilger-mein*	o Pilger (für alte, ehrwürdige Männer)
ya h̲ajj̲a	o Pilgerin (für alte, ehrwürdige Frauen)
ya ustâz	o Professor (für europäisch gekleidete Männer)
ya madâm	o Madame (für europäisch gekleidete Frauen)
ya mu*allim	o Meister (für Handwerker, a: Verkäufer)
ya abu ash-shėbâb	o Vater der Jugend (für einen Ober im traditionellen Restaurant)
ya metr	o maître (frz.) (für einen Ober im vornehmen Restaurant)
ya shėbâb	o Jugend (für eine Gruppe von Personen)

Natürlich werden Personen auch mit ihrem Namen angeredet, z. B. **ya Muh̲ammed**. Im Arabischen ist für das Alltagsleben nur der Vorname von Bedeutung. Nur wichtige Respektspersonen wie Professoren oder hohe Beamte werden mit dem Nachnamen, dann meist mit **h̲ad̲irtak/h̲ad̲irtek** (wörtlich: „deine Anwesenheit (m/w)“) angeredet.

Hat jemand einen Sohn, wird er oder sie aus Höflichkeit immer „Vater des …“ oder „Mutter des …“ genannt, also z. B. **Abu Ah̲med**, **Umm Ah̲med**. Hier wird immer der Name des ältesten Sohnes, selten der einer Tochter eingesetzt.

Bitten, Danken, Wünschen

Für „Bitte!“ als Aufforderung („Bitte, tun Sie …!“) sagt man:

„Bitte“ als Aufforderung

iza bėtrîd/bėtrîdi!
wenn du-willst(m/w)
Bitte!

mėn fadlak/fadlek!
von Freundlichkeit-dein(m/w)
Bitte!

a*tînî ash-shanta iza bėtrîd!
gib-mir(m) die Tasche wenn du-willst(m)
Geben Sie mir bitte die Tasche!

tlâte shâi mėn fadlak!
drei Tee von Freundlichkeit-dein(m)
Drei Tee, bitte!

„Bitte“ als Angebot

Für „Bitte!“ als Gewährung/Angebot („bitte, nehmen Sie …“) sagt man:

tafaddal/tafaddali/tafaddalu!
bitte(m/w/Mz)
Bitte!

tafaddalu ash-shâi!
bitte(Mz) der-Tee
Bitte, der Tee!

Um einen Gefallen bitten

Wollen Sie, dass jemand Ihnen einen Gefallen tut, etwas gibt, den Weg erklärt oder Platz machen soll usw., sagen Sie am besten:

lau samaht/samahti/samahtu ...
würden-erlauben-du(m/w/Mz) ...
Wenn Sie erlauben ...

Danke

„Danke!“ heißt **shukran!**, kann aber noch höflicher ausgedrückt werden:

alf shukr!
tausend Dank
Tausend Dank!

yislamu idêk/idêki!
gesegnet-sei Hände-dein(m/w)
Gesegnet seien Ihre Hände!

Antwort auf „Danke“

Die Antwort auf **shukran** (danke) lautet ***afwan** (bitte), was wörtlich eigentlich „Entschuldigung“ heißt:

shukran lil-qahwa!	***afwan!**
danke für-der-Kaffee	*Entschuldigung*
Danke für den Kaffee!	Bitte!

Das erste Gespräch

Wenn Sie in einem Café sitzen und sich von den Strapazen des Herumlaufens erst einmal erholen möchten, könnte Ihr erstes Gespräch möglicherweise wie das dargestellte verlaufen. Enthalten sind darin die üblichen Begrüßungen, Antworten und Höflichkeitsfloskeln.

Der Tourist (kurz „T“) könnte beginnen mit ...

merhaba!
willkommen
Hallo! (Tourist)

merhabtên shlônak/shlônek?
willkommen-zwei was-Farbe-dein(m/w)
Hallo, wie geht's? (Einheimischer im Café, kurz „E“)

bi-chêr, al-hamdulillah!
mit-Güte, der-Dank-Gottes
Gut, Gott sei Dank! (T)

al-hamdulillah, tafaddal/tafaddli, shrâb/shrâbî shâi!
der-Dank-Gottes, bitte(m/w), trink(m/w) Tee
Gott sei Dank, bitte, trink Tee! (E)

shukran, bass shwaiy sėkkar.
danke, aber wenig Zucker
Danke, aber wenig Zucker. (T)

minên ėnte/ėnti?
woher du(m/w)
Woher bist du? (E)

ana mėn Almâniya. ana almânî/almânîya.
ich von Deutschland, ich Deutscher/Deutsche
Ich bin aus Deutschland. Ich bin Deutsche/r.

Almâniya	Deutschland
almânî/almânîya (m/w), **almân** (Mz)	Deutsche(r)
Nimsa	Österreich
nimsâwî/nimsâwîya (m/w), **nimsâwîyîn** (Mz)	Österreicher(in)
Swîzra	Schweiz
swîzrî/swîzrîya (m/w), **swîzrîyîn** (Mz)	Schweizer(in)

ėnte/ėnti sâyih/sâyiha?
du(m/w) Tourist/Touristin
Bist du Tourist(in)? (E)

ê, ana sâyih/sâyiha.
ja, ich Tourist/Touristin
Ja, ich bin Tourist(in). (T)

shû bėtėshtaghl/bėtėshtaghli?
was du-arbeitest(m/w)
Welchen Beruf hast du? (E)

ana ...
ich ...
Ich bin ...

nėhna ...
wir ...
Wir sind ...

Das erste Gespräch

***âmil/*âmila/*ummâl** (m/w/Mz)	Arbeiter(in)
doktôr/doktôra (m/w)	Arzt, Ärztin
muwazzaf/muwazzafa (m/w)	Beamte(r), Angestellte(r)
chabîr/chabîra/chubara (m/w/Mz)	Experte (-in)
sâne*/sâne*a/sėnnâ* (m/w/Mz)	Handwerker
sahhafî/sahhafîya (m/w)	Journalist(in)
tâlib/tâliba/tullâb (m/w/Mz)	Student(in)
muhendis/muhendisa (m/w)	Techniker(in)
sâyih/sâyiha/suwâh (m/w/Mz)	Tourist(in)

tafaddal, chôd/chôdî sigâra!
bitte, nimm(m/w) Zigarette
Bitte, nimm eine Zigarette! (E)

shukran, bass ma bėdachchin.
danke, aber nicht ich-rauche
Danke, aber ich rauche nicht. (T)

tafaddal/tafaddali, shrâb/shrâbî kâsa tâniya!
bitte(m/w), trink(m/w) Glas zweites
Bitte, trink doch noch ein Glas! (E)

ghêr waqt, inshâ'allah, ana musta*jil/musta*jila.
andere Zeit, vielleicht, ich eilig(m/w)
Ein andermal vielleicht, ich bin in Eile. (T)

***ale kîfak/kîfek.**
auf Belieben-dein(m/w)
Wie du möchtest. (E)

châtrak/châtrek!
Belieben-dein(m/w)
Auf Wiedersehen! (T)

ma*a as-salâme!
mit der-Segen
Auf Wiedersehen! (E)

Sicherlich werden Sie auch nach Ihrem Namen, Ihrem Beruf und Ihrem Familienstand gefragt werden. Das ist allgemein üblich und Teil der Höflichkeit.

shu ismak/ismek?
was Name-dein(m/w)
Wie heißt du?

ismî ...
Name-mein ...
Ich heiße ...

qaddêsh *umrak/*umrek?
wieviel Alter-dein(m/w)
Wie alt bist du?

***umrî ... sėnna.**
Alter-mein ... Jahr
Ich bin ... Jahre.

ėnte/ėnti mutazauwaj/-a.
du(m/w) verheiratet(m/w)
Bist du verheiratet?

ê, ana mutazauwaj/-a.
ja, ich verheiratet(m/w)
Ja, ich bin verheiratet.

wên zaujatak/jozek?
wo Frau-dein(m)/Mann-dein(w)
Wo ist deine Frau/dein Mann?

hîye/hûwe *and beitna.
sie/er bei Haus-unser
Sie/er ist zu Hause.

***andak/*andek ûlâd?**	***andî walad.**
bei-dir(m/w) Kinder	*bei-mir Sohn*
Hast du Kinder?	Ich habe einen Sohn.

***andak/*andek sûra?**	**ê, bass hîye fil-funduq.**
bei-dir(m/w) Foto	*ja, aber es in-das-Hotel*
Hast du ein Foto?	Ja, aber es ist im Hotel.

***ajabatak/*ajabatek Sûrîye?**
gefällt-dir(m/w) Syrien
Gefällt es dir in Syrien?

Sûrîye jamîla ktîr, kėll shê mumtaz!
Syrien schön(w) viel, alle Sache super
Syrien ist sehr schön, alles ist toll!

sich bekannt machen

bėddî ėta*arraf*alêk/*alêki.
Wunsch-mein ich-kennenlernen auf-dich(m/w)
Ich möchte dich kennen lernen.

mumkin ėqaddimkon as-said/as-sitt ...?
möglich ich-vorstelle-euch der Herr/die Frau ...
Kann ich Ihnen Herrn/Frau ... vorstellen?

Floskeln & Redewendungen

Mit den wichtigsten Floskeln, die deshalb so wichtig sind, da man sie naturgemäß nicht wörtlich in eine andere Sprache übertragen kann, wird man sich schon gut verständigen können und auch Anerkennung ernten.

sich entschuldigen

***afwan!**
Entschuldigung
Entschuldigung!

ana âsif/âsifa.
ich bedauernd(m/w)
Das tut mir Leid.

zustimmen/ablehnen

Wenn man ablehnen will, muss man diese Sätze einfach nur verneinen (vgl. Kapitel „Verneinen“).

ma*ak/ma*aki al-h̲aqq!
mit-dir(m/w) das-Recht
Du hast Recht!

ana muwâfiq/muwâfiqa!
ich zustimmend(m/w)
Ich bin einverstanden!

ana ma*ak/ma*aki!
ich mit-dir(m)/mit-dir(w)
Ich bin deiner Meinung!

ana mėn ra'î inno ...
ich von Meinung-mein dass ...
Ich bin der Meinung, dass ...

überrascht sein

hâda *aj̲îb.
dieses merkwürdig
Das ist ja komisch.

ana mar*ûb/mar*ûba.
ich erschrocken(auch: überrascht)(m/w)
Ich bin erschrocken (überrascht).

sich unwohl fühlen

ana mû mabsût̲/mabsût̲a.
ich nicht gesund(m/w)
Mir ist nicht gut.

ana marîd̲/marîd̲a.
ich krank(m/w)
Ich bin krank.

Unterwegs

In allen arabischen Ländern ist das Bussystem (im Gegensatz zur Bahn) gut ausgebaut. Die öffentlichen Verkehrsmittel sind meist sehr günstig, denn Dieseltreibstoff wird subventioniert. Große Städte werden meist durch komfortable Linienbusse (arabisch: **bulman-bâs̱**) verbunden, die vor Reisebeginn gebucht werden müssen.

Auf den Landstraßen verkehren kleinere Minibusse (**mikrobâs̱**), die für Wartende am Straßenrand halten.

Ein wichtiges Verkehrsmittel ist das Sammeltaxi (**serfîs**), ein großräumiger Pkw, der eine bestimmte Linie in der Stadt oder auf dem Lande abfährt, wenn der Wagen voll ist. Die Passagiere steigen auf der Linie aus oder zu. Da die Pkw's aber mit Superbenzin fahren, sind sie unverhältnismäßig teurer als Busse.

Reguläre Taxen (**taksi**) haben in großen Städten vorschriftsmäßig ein Taxameter, selbst wenn er für Touristen gerne „kaputt" ist. Achten Sie darauf, dass das Taxameter bei Fahrtantritt angeschaltet wird. Wo es keine Taxameterpflicht gibt, sollten Sie nach dem Einheitspreis für eine Taxifahrt innerhalb der Stadt fragen. Während es in einigen Städten (z. B. in Amman) Nachttarife gibt, lehnen es Taxifahrer in anderen Städten oder auf Bergstrecken und zum Flughafen ab, mit Taxa-

Offizielle, in Karten vermerkte Straßennamen sind nicht immer in Gebrauch, vielmehr orientiert man sich an wichtigen Gebäuden, die dann dem ganzen Viertel seinen Namen geben. Suchen Sie sich solch ein Gebäude, ein Hotel oder einen Markt in der Nähe Ihres Zieles aus, und fragen Sie danach.

metertarif zu fahren. In diesem Fall muss der Preis vorher ausgehandelt werden. Um den Preis zu drücken, ist kein Argument zu weit hergeholt. Reden Sie viel, und haben Sie viel Spaß beim Handeln!

zu Fuß

Fragen Sie nach dem Weg, so fragen Sie besser **wên ...?** (Wo ist ...?) und halten sich mit allen Vermutungen zurück. Aus Höflichkeit könnte Ihnen Recht gegeben werden, selbst wenn Sie Unrecht haben. Das Ergebnis könnte sein, dass Sie aus lauter Freundlichkeit der Einheimischen Ihnen gegenüber ständig in die falsche Richtung laufen!

wên merkez al-beled?
wo Zentrum des-Ortes
Wo ist das (Orts- oder) Stadtzentrum?

rûh/rûhî dėghrî, mėn hôn!
geh(m/w) geradeaus, von hier
Geh immer geradeaus, hier entlang!

shûf *ale îdak al-yamîn fî jâmi*.
schau(m) auf Hand-dein(m) die-rechte es-gibt Moschee
Dort auf der rechten Seite ist eine Moschee.

kîf bėwassil lil-jâmi* al-ummauwî?
wie ich-ankomme zu-die-Moschee die-ommaijadisch
Wie komme ich zur Ommaijaden-Moschee?

dėghrî	geradeaus	**gharb**	Westen
yamîn	rechts	**sharq**	Osten
yasâr	links	**junûb**	Süden
la-warrâ	zurück	**shmâl**	Norden
nach-hinten			

mit dem Taxi

wassilna lil-bosta, iza bėtrîd!
bring-uns(m) zu-die-Post, wenn du-willst(m)
Bringen Sie uns bitte zur Post!

bass, shaghghal al-*addâd!
aber, lass-arbeiten(m) der-Taxameter
Aber stellen Sie den Taxameter an!

Wie schon gesagt, sollte man zumindest den Namen des Stadtviertels, in das man fahren will, oder und ein bekanntes Gebäude in der Nähe seines Zieles kennen. Wenn man sich ein bisschen besser auskennt, ist es hilfreich, dem Taxifahrer den richtigen Weg zu zeigen.

halla' liff *âl-yamîn!
jetzt wende(m) auf-die-Rechte
Jetzt nach rechts abbiegen!

... *âl-yasâr!
... auf-die-Linke
... nach links!

dėghrî!
Geradeaus!

waqqif hôn!
Halten Sie hier!

mit dem Bus

mahatta	Bahnhof, Haltestelle
bâs, bâsât	Bus
dê*a (w), **diya*a**	Dorf
shôfêr, -îye	Fahrer
tazkara, tazâker	Fahrkarte
ijra (w)	Fahrpreis
daraja (w)	Klasse (im Zug)
shanta (w)	Tasche
shanâtî (Mz)	Gepäck

ha-al-bâs râyih Bosra?
dieser-der-Bus fahrend Bosra
Fährt dieser Bus nach Bosra?

lawên râyih ente/enti?
wohin reisend du(m/w)
Wohin willst du reisen?/Wohin reist du?

la Homs/Kerak/Tartus!
nach Homs/Kerak/Tartus
Nach Homs/Kerak/Tartus!

irkab/irkabi!
aufsteig(m/w)
Steig ein!

ash-Shâm *heißt innerhalb Syriens „Damaskus", in anderen Ländern dagegen wird damit ganz Syrien bezeichnet.*

qaddêsh al-ijra la ash-Shâm?
wieviel der-Fahrpreis nach die-Damaskus
Wie viel kostet es bis Damaskus?

wên mauqif al-bâsât?
wo Haltestelle der-Busse
Wo ist die Bushaltestelle?

wênna hôn?
wo-wir hier
Wo sind wir hier?

qaddêsh waqt bėddna la Jerash?
wieviel Zeit Wunsch-unser nach Jerasch
Wie lange dauert es bis Jerasch?

mit dem Auto

wên fî mahattat benzîn?
wo es-gibt Station Benzin
Wo gibt es eine Tankstelle?

***abbî al-chazzân *âl-achîr!**
fülle(m) der-Tank auf-das-Ende
Mach den Tank ganz voll!

sêyâratî mu*attala.
Auto-mein kaputt
Mein Auto ist kaputt.

***andî dulâb mbenshir.**
bei-mir Reifen(Ez) durchlöchert
Ich habe eine Reifenpanne.

fî mushkila bi kahrabat as-sêyâra.
es-gibt Problem mit Elektrik des-Autos
Mit der Elektrik stimmt etwas nicht.

al-framât ma bėyėshtaghalu!
die-Bremsen nicht sie-arbeiten
Die Bremsen funktionieren nicht!

mumkin tėsallih lî as-sêyâra?
möglich du-reparierst(m) für-mich(m) das-Auto
Können Sie mir das Auto reparieren?

Sind Sie mit dem Auto unterwegs, seien Sie doppelt so vorsichtig wie sonst, auch wenn das Verhalten der Einheimischen im Straßenverkehr noch so herausfordernd ist. Halten Sie sich zurück, und versuchen Sie, jegliche Unfälle zu vermeiden!

dayya*na at-tarîq.
verloren-wir der-Weg
Wir haben den Weg verloren.

at-tarîq sa*ab lis-sêyâra?
der-Weg schwer für-das-Auto
Ist der Weg schwer befahrbar?

hudûd	Grenze
machraj	Ausfahrt/-gang
madchal	Einfahrt/-gang
jisr	Brücke
hâdis	Unfall
ta'mîn	Versicherung
matar, amtâr (Mz)	Regen
hâwa	Wind
dulâb (Ez), **dawâlîb** (Mz)	Reifen
motôr	Motor
ishtmân	Auspuff
frâm (w), **-ât**	Bremse
fîtêz	Gang/Getriebe
mubarrid	Kühler
dubriyâj	Kupplung
bûjî	Zündkerze
muftah shaqq *Schlüssel Spalte*	Schrauben-schlüssel
mumtâz	Superbenzin
benzîn (*âdi)	Normalbenzin
mazôd	Diesel
zêt	Öl
bi-hudu'/shwaiy-shwaiy *mit-Langsamkeit/wenig-wenig*	langsam
bi-sur*a	schnell

Übernachtung

Hotels sind in jeder Preisklasse – von der billigsten Absteige bis zum internationalen Fünf-Sterne-Hotel – vorhanden. An Ausflugsorten, vor allem am Meer, können Ferienhäuser (**shâlê**, Mz: **shâlêhât**) gemietet werden. Campingplätze sind selten; wild zu campen empfiehlt sich nur in der Wüste oder mit Zustimmung des Grundbesitzers bzw. der Polizei.

***andkon ghėrfa bi sėrîr/sėrîrên fâḏiya?**
bei-euch Zimmer mit Bett/Bett-zwei frei
Haben Sie ein Einzel-/Doppelzimmer frei?

... la yôm/yômên/ėsbû*
... für Tag/Tage-zwei/Woche
... für einen Tag/zwei Tage/eine Woche

... bi fėṯûr/ẖammâm
... mit Frühstück/Bad
... mit Frühstück/Bad

mumkin nėshûf al-ghėrfa?
möglich wir-sehen das-Zimmer
Können wir das Zimmer sehen?

fî maiy suchna?
es-gibt Wasser warm
Gibt es warmes Wasser?

qaddêsh haqq al-ghėrfa?
wieviel Preis das-Zimmer
Wie viel kostet das Zimmer?

mâ fî ... *nicht es-gibt ...*	Es fehlt ...	**wên ...?** *wo ...*	Wo ist ...?
hammâm	Bad	**matbach**	Küche
sėrîr, asirra	Bett, Betten	**shirshaf**	Laken (Ez)
battâniye	Bettuch	**sharâshif**	Laken (Mz)
dûsh	Dusche	**kursî**	Stuhl
shôb	heiß	**karâsî**	Stühle
fâdi	frei	**tâwila** (w)	Tisch
funduq	Hotel	**tuwalet**	Toilette
bârid	kalt (Dinge)	**ghėrfa** (w)	Zimmer (Ez)
bard	kalt (Wetter)	**ghėraf** (w, Mz)	Zimmer (Mz)
mchadda (w)	Kissen		

Mit **muchaiyam** *(Zeltlager) bezeichnet auch die mittlerweile zu Städten oder Stadtvierteln gewordenen Flüchtlingslager der Palästinenser.*

mumkin nėchayyem hôn?
möglich wir-zelten hier
Können wir hier zelten?

chêma (w)	Zelt
chayyem, bėyėchayyem	zelten
muchaiyam siyâhî *Zeltlager touristisch*	Zeltplatz

Essen & Trinken

Im traditionellen Restaurant wird der Tisch zu Anfang mit Vorspeisen (**muqabbilât**, auch **mêze**) vollgestellt und nach einiger Zeit folgen die Hauptgerichte, das ist dann meistens Fleisch. Beim Essen lässt man sich Zeit und plaudert viel.

Frühstück (fe,ṯûr)

chubz	Brot
jibne	Käse
zibde	Butter
murabba (w)	Marmelade
maqdûsa (w)	gefüllte Aubergine
zeitûn	Oliven

Vorspeisen (muqabbilât)

bėrek	Blätterteigtaschen
baba ghanûj	Auberginenpüree mit Öl
hommuṣ	Kichererbsenpüree
kibbe	Weizengrießbälle mit Fleisch
laban bi chiyâr	(ähnlich wie) Tsatsiki
Jogurt mit Gurken	
labna (w)	Quark
muchallal	in Essig eingelegtes Gemüse
muṯabbal	Auberginenpüree m. Jogurt
shinglîsh	Roquefortkäse in Öl und Thymian

Die Speisen werden mit gefaltetem Fladenbrot aufgenommen. Benutzt werden darf aber nur die rechte Hand, die linke Hand ist „unrein“ (da man sich mit ihr wäscht)! Das Essen wird mit Obst oder Kaffee, darüber hinaus vielleicht mit einer Wasserpfeife (**argîle**) beendet.

muchalal chiar ... saure/salzige Gurke
chiar ... Gurke

bandora ... Tomate

Hauptgerichte (al-wajbet ar-ra'isîya)

kûsa mahshî *Zucchini gefüllt*	gefüllte Zucchini
yabra (w)	mit Fleisch gefüllte Weinblätter
yalanji	mit Tomaten gefüllte Weinblätter
maqlûbe	Reis mit Auberginen
fetta (w)	Eintopf mit Kichererbsen

Fleisch (lahme)

farrûj	Brathähnchen
kebâb	Fleischspieße
lahm *ijl *Fleisch Kalb*	Rindfleisch
lahm ghanam *Fleisch Schaf*	Hammelfleisch
shaqaf	Frikadellen
shâwirma (w)	Döner-Kebab
shîsh tawûk	Hühnchenfleischspieß

Getränke (sharâbât)

***asîr**	Saft
burtqân	Orange
grêfôn	Grapefruit
lîmûn	Zitrone
rumân	Granatapfel
tamar hindi	Tamarinde
Dattel indisch	
koktêl fawâkeh	Fruchtcocktail
Coctail Frucht	
môz bil-halîb	Bananenmilch
Banane mit-der-Milch	
shâi	Tee
qahwa ... (w)	Kaffee (türk.)
... balla	ohne Zucker
... wasat	mittelsüß
... helwa	süß
gazôz	Limonade
bîra (w)	Bier
nbîd	Wein
***arraq**	Anisschnaps
„die Träne"	
maiy bil-qannîna	Mineralwasser

im Restaurant

Zu Beginn fragt der Ober nach den Wünschen. Bei den Vorspeisen kann man viel bestellen, sogar alles (**kėll-shê muqabbilât**), und was einem nicht gefällt, kann man zurückgehen lassen, und zwar dann, wenn es vom Ober aufgetragen wird.

Eine Speisekarte gibt es selten, deshalb sollte man sich anhand der obigen Liste schon mal überlegen, was man gerne essen möchte.

masa al-chêr, kam shachs ėntu?
Abend der-gut, wieviel Person(Ez) ihr
Guten Abend, wie viele Personen sind Sie?

fî qâ'imat at-ta*âm bil-inglîzi?
es-gibt Liste der-Speisen in-das-Englisch
Gibt es eine Speisekarte auf Englisch?

shû bėddkon tâkulu?
was Wunsch-euer ihr-esst
Was wollen Sie essen?

shû *andkon?
was bei-euch
Was haben Sie?

***andkon chudâr?**
bei-euch Gemüse
Haben Sie Gemüse?

Trinkgelder betragen ca. 10% der Rechnung und werden selbstverständlich erwartet, wenn die Bedienung nicht im Preis inbegriffen ist.

al-hesâb mėn fadlak!
die-Rechnung von Güte-dein(m)
Die Rechnung, bitte!

al-bâqiya laka!
der-Rest für-dich(m)
Der Rest (als Trinkgeld) ist für Sie!

ghadâ	Mittagessen	***âshâ**	Abendessen
melh	Salz	**filfil**	Pfeffer
chall	Essig	**zêt**	Öl
chubz	Brot		

Shû fi al-yôm 'akol ?
Was gibt's zu Essen ?
Al-yôm ma fi 'akol !
Heute gibt's nichts !

Zu Gast sein

Al-yôm ramadan ! - Heute ramadan !

Gastfreundschaft ist ein wichtiger Teil der arabischen Traditionen. Gerade ein Fremder wird gerne eingeladen, denn es steigert das Ansehen des Hauses, einen Gast aus weiter Ferne zu beköstigen. Besonders in der lebensfeindlichen Wüste, unter den Beduinen, ist es unausweichlich, einen Daherziehenden in das **beit ash-she*r**, das „Haus aus Ziegenhaar“, einzuladen.

Einen Fremden in der Nähe seines Hauses zu treffen und ihn nicht auf ein Glas Tee hineinzubitten, gilt fast als unhöflich. Sie werden sicherlich oft eingeladen werden. Ob Sie die Einladung annehmen, sollten Sie von der Situation abhängig machen. Vielleicht lohnt es sich, das erste Mal abzulehnen, um die Ernsthaftigkeit der Einladung zu prüfen. Es könnte ja auch sein, dass der Gastgeber aus Höflichkeit die Bitte ausgesprochen hat, obwohl sie ihm selbst ungelegen kommt. Bei wirklichem Interesse wird die Einladung aber sicher mehrmals wiederholt werden. Selbst wenn man drängenden Aufforderungen nicht folgt, wird es nicht übel genommen werden; niemand sollte sich zwingen lassen.

Werden Sie groß zum Essen gebeten, ist ein anerkennendes Gastgeschenk angebracht. Verschenken Sie jedoch keinen Alkohol an Muslime! Vermeiden Sie auch europäische Tauschmentalitäten, und verstehen Sie Gastfreundschaft nicht als Handel – auch nicht, wenn Sie von einem Verkäufer zum Tee eingeladen werden, das verpflichtet Sie zu nichts.

tfaddal fût, shrâb shâi!
bitte(m) eintritt(m), trink(m) Tee
Bitte treten Sie ein, trinken Sie Tee!

Ahlan we sahlan bikum!
„herzlich willkommen" für-euch
Seid/Seien Sie (Mz) herzlich willkommen!

Die Antwort lautet darauf üblicherweise:

Ahlên bîk.
willkommen bei-dir(m/w)
Ich fühle mich willkommen.

bil-hanna wash-shifa!
mit-das-Wohlbefinden und-der-Genesung
Guten Appetit!

Ist das Teeglas oder besonders das Kaffeetäschen leer, bedankt sich der Gast!

da'ime!
auf ewig (... möge es dir gegeben sein)
Danke!

Der Gastgeber wird wahrscheinlich antworten:

sahhtên!
Gesundheit-zwei
(etwa:) Gern geschehen!

Möchte man wieder gehen, sagt man:

bi-sta'zen.
mit-Erlaubnis
Mit Ihrer Erlaubnis!

Hat man jedoch keine Zeit und will man die Einladung nicht annehmen, sagt man:

ghêr waqt, inshâ'allah, ana musta'jil, lil-asaf!
andere Zeit, vielleicht, ich eilig(m), für-das-Bedauern
Ein andermal vielleicht, ich bin leider in Eile!

Religion

Für Atheisten wird wenig Verständnis aufgebracht. Versuchen Sie deshalb nicht, in diesem Sinne (oder auch in anderem) „missionarisch“ zu wirken.

Das Gebiet, in dem der syrisch-palästinensische Dialekt gesprochen wird, zeichnet sich durch eine breite Religionsvielfalt aus. Es gibt bedeutende Minderheiten von orthodoxen Christen (griechisch und syrisch), Armeniern, Maroniten, Katholiken und Drusen, aber trotzdem ist das Alltagsleben umfassend von den verschiedenen Strömungen des Islams geprägt. Religiöse Angelegenheiten werden von jedem viel ernster genommen als bei uns und sollten dementsprechend geachtet werden. Die Religionszugehörigkeit ist wichtiger Bestandteil einer sozialen Zugehörigkeit und Rolle, die sich nach außen durch den Namen, die Kleidung und auch durch die Sprache ausdrückt.

muslim, -în	Moslem
sunnî, -ye	Sunnit
shi*î, -ye	Schiit
mesihî, -ye	Christ; christlich
katolikî, -yîn	Katholik; katholisch
brutestantî, -yîn	Protestant; protestantisch
rûmî ortodoks *byzantinisch orthodox*	Griechisch-Orthodoxer; griechisch-orthodox
siriân	syrisch-orthodox
marûnî, -ye	Maronit
armênî, -yîn	armenischer Christ

durzî, drûz	Druse
yahûdî, yahûd	Jude
qur'ân	Koran
injîl	Bibel
sunna	Überlieferung über den Propheten; auch: Tradition
***âlim, *ulamâ'**	islam. Gelehrter
imâm, a'imma	Vorbeter bei den Sunniten
jâmi*, jawâmi*	Moschee
kanîsa, kana'is	Kirche
sûfi	Mystiker im Islam
chûrî, chawarne	Priester
râhib, ruhbân	Mönch
salafi, -yîn	Fundamentalist
salât (w, Ez/Mz)	Gebet
dîn, adyân	Religion

Jedes Gotteshaus kann besucht werden, doch empfiehlt es sich, um Erlaubnis zu bitten. Vergessen Sie bei Moscheebesuchen nicht, die Schuhe auszuziehen; Frauen sollten ihr Haar bedecken.

Die folgenden beiden Ausrufe sind aus dem Hocharabischen übernommen und können schwer wortwörtlich übersetzt werden.

masha'allah! **bismillah ar-rahmân ar-rahîm!**
Was Gott fügt! Im Namen Gottes!

mumkin nėfût al-jâmi*?
möglich wir-eintreten die-Moschee
Können wir die Moschee betreten?

tab*an, mû mushkila, tfaddalu fûtu!
natürlich, nicht Problem, bitte(Mz) eintretet(Mz)
Natürlich, kein Problem, bitte treten Sie ein!

Kaufen & Handeln

Nur verbissene Zeitgenossen vermissen auf dem **sûq**, dem Markt, die Preisschilder. Einkaufen braucht Zeit zum Aussuchen und zum Aushandeln des Preises. Das ist ein kommunikatives Spiel, in dem kein Argument zu weit hergeholt ist.

fî *andkon shê minshân ėftah̲ qannîna?
es-gibt bei-euch Sache um-zu ich-öffne Flasche
Haben Sie etwas, um eine Flasche zu öffnen?

bėddak muftah̲-qannîna?
Wunsch-dein(m) Schlüssel-Flasche
Möchten Sie einen Flaschenöffner?

ê, maz̲bûṯ!
ja, genau
Ja, genau!

Suchen Sie erst die Ware aus, die Sie wirklich wollen, und beginnen Sie dann, nach dem Preis zu fragen. Verlieren Sie nie den Humor! Am besten ist natürlich, wenn man durch Freunde oder Preisvergleiche über den „Wert" der Ware orientiert ist. Aber dieser ist eben auch vom Verhandlungsgeschick abhängig. Eine Regel, wie viel Ermäßigung „drin" ist, gibt es nicht. Manche Händler schlagen bei Touristen doppelt drauf, andere hingegen gar nichts. Dennoch sollte selbst ein kleiner Rabatt überall zu bekommen sein, ausgenommen jedoch in Supermärkten, Buch- und Schreibwarenläden und bei Lebensmitteln. Die Frage nach einem Preisnachlass sollte Ihnen nicht peinlich sein, denn sie ist allgemein üblich. Gute Geschäfte können Tage benötigen! Kommen Sie daher auch ein zweites Mal wieder, wenn Sie beim ersten Mal nicht zufrieden waren, oder gehen Sie nur zum Schein fort – oft werden Sie zurückgerufen, und Ihr Angebot wird akzeptiert.

ma bėddî ėshtarî shê.
nicht Wunsch-mein ich-kaufe Sache
Ich möchte nichts kaufen.

ana bass ėtfarraj̣.
ich nur ich-betrache
Ich sehe mich nur um!

Handeln und feilschen Sie jedoch nicht ausschließlich zum Spaß und gehen dann einfach davon! Wenn Sie handeln, sollte Ihr Interesse echt sein.

qaddêsh h̲aqqô?
wieviel Preis-sein
Wie viel kostet das?

haqqô mîyat-lîra.
Preis-sein hundert-Pfund
Das kostet 100 Pfund.

hâda kėtîr ghâlî, lâzim tėrâ*îna shwaiy!
dieses sehr teuer, notwendig du-ermäßigen-uns wenig
Das ist sehr teuer, Sie müssen etwas ermäßigen!

fî chasem *aleh?
es-gibt Rabatt auf-ihm
Gibt es einen Rabatt darauf?

Achtung: **bi-** *(bei) gibt immer den Preis an!*

mâshi al-hâl, chudô bi-tis*în!
gehend die-Lage, nimm-ihn bei-neunzig
O.k., nehmen Sie es für neunzig!

Wenn Sie etwas Gutes gekauft haben, wird man Ihnen gratulieren:

mabrûk!
Gratulation
Gratulation!

allah yubârek fîk!
Gott segne in-dich
Danke! (Antwort)

mahall (w), **-ât**	Laden, Geschäft
sûq sôda *Markt schwarz*	Schwarzmarkt
bâyyâ*/bâyyâ*a (m/w)	Verkäufer(in)
sâhib, ashâb	Besitzer
tâjer, tėjjâr	Händler
qiyâs	Größe (von Kleidern usw.)
srâfet	Wechselgeld
haqq; auch: **si*r**	Preis
lîra, (w) **-ât**	Pfund (Währung)
qirsh, qurûsh	Piaster
râ*î, bėyėrâ*î	ermäßigen/ reduzieren
shtarâ, bėyėshtarî	kaufen
bâ*, bėyėbî*	verkaufen
tfarraj, bėyėtfarraj	sich umsehen/ schauen

farjê, bėyėfarjî	zeigen
farjîni ...!	Zeigen Sie mir ...!
qâs, bėyėqîs	anprobieren

mumkin ėqîsô?
möglich ich-anprobiere-ihn
Kann ich es anprobieren?

rachîs – archas	billig – billiger
ghâliy – aghla	teuer – teurer
tamâm!; a: **mâshi!**	Einverstanden!
mazbût!	genau!/richtig!

Fotografieren

Eigentlich verbietet der Islam die Darstellung von Menschen, auch durch Fotos; doch kaum jemand kann sich dem heute noch entziehen. Trotzdem sollte vorsichtig mit der Kamera „geschossen" werden. Sie vermeiden Aufregung, wenn Sie denjenigen, den Sie fotografieren wollen, oder Umstehende freundlich fragen – die Bitte wird Ihnen dann sicherlich gewährt werden. Empfindlich reagieren hingegen die Behörden auf Kameras in der Nähe von Militär- und Sicherheitsanlagen, ein Begriff, der selbst Brücken beinhalten kann.

bėtėsmah lî bėsawwarak?
du-erlaubst(m) für-mich ich-fotografiere-dich(m)
Darf ich Sie fotografieren?

mumkin ėsawwarak/ėsawwarek?
möglich ich-fotografiere-dich(m/w)
Kann ich Sie fotografieren?

ê, mumkin, bass lêsh? minshân zikrî.
ja, möglich, aber warum um-zu Erinnerung-mein
Ja, aber warum? Zur Erinnerung.

fîlm, aflâm	Film
... bil-alwân *... mit-die-Farben*	Farbfilm
... abyad we aswad *... schwarz und weiß*	Schwarz-Weiß-Film
hammad, bėyėhammad	entwickeln (Film)
kamera	Kamera
flash	Blitz

Türkisches Bad (Hammâm)

Rituelle Reinlichkeit spielt eine große Rolle im Islam, doch nicht nur deshalb ist das türkische Bad so beliebt. Dieses Dampfbadehaus besteht aus drei Räumen: Der Gast entkleidet sich im **barrânî**, dem „Äußeren", und betritt mit einem Handtuchwickel um den Lenden (die Scham immer bedeckt halten!) das

wastânî, das „Mittlere“, wo kalter Dampf ihn empfängt. Anschließend muss er sich im **juwânî**, im kuppelüberwölbten „Inneren“, selbst reinigen und im entspannend warmen Dampf bleiben, bis die Haut aufquillt. Nun kann er sich vom **mukaiyis** bzw. der **mukaiyisa** (wörtlich: „der/die mit dem Handschuh“) mit einem rauhen Fäustling den Talg aus der Haut treiben und sich massieren lassen.

Oft verlassen die Gäste die Dampfräume erst nach Stunden, um sich im **barrânî** bei einem Tee auszuruhen. Dazu wird Ihnen zuvor das nasse Lendentuch gegen trockene Handtücher (alles aus dem Fundus des Hauses) ausgetauscht.

Die Geschlechtertrennung ist strikt. Gibt es keine getrennten Gebäude für Männer und Frauen, so sollte es Öffnungszeiten für Frauen geben. Doch leider ist der **hammâm** hauptsächlich ein Männervergnügen.

manshafa, manâshif	Handtuch
sâbûna, sâbûn	Seife
kîs hammâm *Handschuh Bad*	harter Massage- handschuh
buchâr	Dampf
malâbes	Kleidung
maiy suchna *Wasser warm(w)*	warmes Wasser
maiy bârida *Wasser kalt(w)*	kaltes Wasser
hanafîya	Wasserhahn

ėddî ėthammam la hâlî.
Wunsch-mein ich-wasche für Lage-mein
Ich möchte mich selbst waschen.

Die frisch Gebadeten werden begrüßt mit:

na*îman!	**allah yan*am *alêk!**
Wohlleben	*Gott er-lasse-Wohlleben über-dir*
Wohlergehen!	Gott lasse es dir gut gehen! (Antwort)

Bank, Post & Behördenbesuche

Zu Behördengängen sollten Sie auf jeden Fall korrekt gekleidet sein, stets höflich bleiben und vor allem nie die Geduld verlieren. Sehen Sie als Tourist von jeglichen Bestechungsversuchen ab! Wenn Sie nicht zum gewünschten Erfolg kommen, so versuchen Sie es am folgenden Tag. Der Weg zum Vorgesetzten sollte eines der letzten Mittel sein, um etwas Dringendes zu erreichen, denn er nützt meistens wenig und verärgert alle Beteiligten.

Bankangestellte sprechen oft Englisch. Und selbst wenn sie es nicht sprechen, werden Sie wahrscheinlich Geld tauschen wollen.

qaddêsh si*r il-yûro?
wieviel Preis der-Euro
Wie ist der Kurs des Euro?

bėddî ės̲arrif shêkât siyah̲îya.
Wunsch-mein ich-wechsele Schecks touristische
Ich möchte Travellers-Schecks tauschen.

bėddî t̲awâbi* la tlâte rasâ'il la Almâniya.
Wunsch-mein Briefmarken für drei Briefe für Deutschland
Ich möchte Briefmarken für drei Briefe nach Deutschland.

bil-barîd al-j̲auwî.
mit-die-Post die-luftig
Mit Luftpost.

bėddî ėmedded iqâmatî!
Wunsch-mein ich-verlängere Aufenthaltsrecht-mein
Ich möchte mein Aufenthaltsrecht verlängern!

bank, bėnûk	Bank
mas̲ârî; auch: **flûs**	Geld
tas̲rîf *umlât *Wechsel Währungen*	Geldwechsel
s̲râfet	Wechselgeld
s̲arraf, bėyės̲arraf	wechseln (Geld)
frât̲a (w)	Kleingeld
yûro	Euro
dullâr (w), **-ât**	Dollar
barîd	Post (allgemein)
bôs̲ta (w)	Postamt
muwaz̲z̲af, -în	Beamter

mudîr	Direktor
shubbâk, shabâbîk	Schalter
risâla (w), **rasâ'il**	Brief
tâbi*, tawâbi*	Briefmarken
zarf, zėrûf	Briefumschlag
risâla musajjala (w) *Brief eingeschrieben*	Einschreibebrief
safâra (w)	Deutsche Botschaft
wâsta; a: **vitâmîn wâw** *Vitamin w (= wâsta)*	„Vitamin B" (Beziehungen)
rashwa (w)	Bestechung(sgeld)
tamdîd	Verlängerung
mu*ammala (w)	Dokumente, Akte
medded, bėyėmedded	verlängern (Dokumente)
viza; auch: **ta'shira** (w)	Visum
iqâma (w)	Aufenthaltrecht
basbôr, -ât	(Reise)Pass
hâwîya (w)	Ausweis
sâlih	gültig
chales, bėyėchles	abgelaufen
mas'ûl	verantwortlich

Krank sein

Viele Ärzte haben in Deutschland studiert, und es wird auch keine Schwierigkeit sein, einen davon zu finden. Arztpraxen kündigen sich durch Werbeschilder an, auf denen der Studienort angeben ist. Wenn nicht, können Sie sich bei einem internationalen Hotel, einer Apotheke und zuletzt bei der Botschaft erkundigen.

bėtė*rif doktôr dâris fi Almâniya?
du-weißt(m) Arzt studierend in Deutschland
Kennen Sie einen Arzt, der in Deutschland studiert hat?

ana marîd/marîda.
ich krank(m/w)
Ich bin krank.

***andî harrara.**
bei-mir Fieber
Ich habe Fieber.

... *âm yûja*ni.
... JETZT er-schmerzt-mir
... tut mir weh.

batnî *Bauch-mein*	mein Bauch	**haliqî** *Kehle-mein*	mein Hals
râsî *Kopf-mein*	mein Kopf	**qalbî** *Herz-mein*	mein Herz
snânî *Zähne-mein*	meine Zähne		

Es gibt staatliche Polikliniken und private Krankenhäuser, doch sollten Sie stets erst einen Arzt konsultieren, der Sie in das richtige Krankenhaus einweist, falls es nötig ist.

ma *andkon ibra bėtėsta*mal marra wahda?
nicht bei-euch Spritze du-benutzt(m) Mal eins
Haben Sie keine Einwegspritze?

Für die Reiseapotheke ist eine eigene Spritze zu empfehlen:

ana *andî ibra mu*aqqama.
ich bei-mir Spritze steril(w)
Ich habe eine sterile Spritze dabei.

Achtung: Das Wort für „schwanger" trägt nicht die weibliche Endung **-a**!

saidalîya (w)	Apotheke
ishâl	Durchfall
grîb	Grippe
mustashfâ	Krankenhaus
dawâ, adwîye	Medizin
waja*	Schmerz
waja*, bėyûja*	schmerzen
hâmil	schwanger
râje*, bėyėrâje*	sich erbrechen
habba, hėbûb	Tablette
jėrh, jėrûh	Wunde

Toilette

Beim Gang zur Toilette (**tuwalet**, gehobener auch: **hammâm**) sollten Sie stets eigenes Toilettenpapier (**manâdîl tuwalet**, wörtlich „Taschentücher Toilette") dabei haben. Welche Toilette für „sie" und für „ihn" ist, wird meistens durch einen Damen- oder Männerschuh auf der Tür angegeben. Sollte es in arabischer Schrift geschrieben sein, fragen Sie:

aiy tuwalet liz-zėlom/lis-sittât?
welche Toilette für-die-Männer/für-die-Frauen
Welche Toilette ist für Männer/Frauen?

wên at-tuwalet, mėn fadlak/fadlek?
wo die-Toilette, von Güte-dein(m/w)
Wo ist bitte die Toilette?

Schimpfen & Fluchen

Groß ist die Zahl der Missverständnisse zwischen „Orient" und „Okzident", das geht auch an den Reisenden nicht vorbei! Ein großer Teil der Bevölkerung ist sehr arm, und Touristen werden als reich eingestuft. So sind Missverständnisse und Unsicherheit im Verhalten vorprogrammiert.

Führen Sie sich vor Augen, dass Sie nur Gast sind, und lassen Sie sich nie provozieren! Der Satz „Gott vergebe dir!" ist eher ein Bonmot als eine Beschimpfung, mit dem Sie humorvoll und beschwichtigend auf aggressive Situationen reagieren können.

allah yisâmhak/yisâmhek!
Gott er-vergebe-dir(m/w)
Gott vergebe dir!

Schimpfwörter beziehen sich entweder auf unreine Tiere (Esel, Hund, Schwein) oder – dann sind sie schon heftiger – auf moralische Eigenschaften und – ganz schlimm – auf die Mutter oder Schwester. Glimpfliche Beschimpfungen sind:

yikasser îdêk/îdêki!*
er-zerbreche Hände-dein(m/w)
Gott zerbreche deine Hände!

yichrab bêtak/bêtek!
er-zerstöre Haus-dein(m/w)
Gott zerstöre dein Haus!

(Die hier auftretenden grammatischen Formen sind Sonderformen.)

Nichts verstanden? – Weiterlernen!

Gratulation! Sie haben die Anfänge zu einer schwierigen Sprache gemeistert. Reden Sie nun viel, und versuchen Sie sich ohne Skrupel! Die Schwierigkeiten der Sprache sind auch den Arabern bekannt, und so werden Sie auf viel Hilfsbereitschaft und Toleranz stoßen.

mumkin tėh̲kî shwaiy shwaiy?
möglich du-sprichst(m) wenig wenig
Können Sie langsam sprechen?

ana bėh̲kî bass shwaiy *arabî.
ich ich-spreche nur wenig Arabisch
Ich spreche nur wenig Arabisch.

ana ma fahimt (kėll) shê.
ich nicht verstand-ich (alle) Sache
Ich habe nichts (nicht alles) verstanden.

Wenn man nach einem bestimmten Wort fragen will, sagt man:

shû ya*nî ... bil-*arabîya?
was er-heißt(Sonderform) ... mit-das-Arabisch
Was heißt ... auf Arabisch?

Wollen Sie die Bedeutung eines bestimmten Wortes wissen, können Sie die Frage so stellen:

shû ma*na ...?
was Bedeutung ...
Was heißt ...?

Wenn jemand sehr langsam und deutlich mit Ihnen redet, sich viel Mühe gibt und Sie trotzdem nur einige Wörter wiedererkennen, redet er bestimmt in der Hochsprache (**fus'hâ**) mit Ihnen. Viele Araber wissen, dass – sofern Arabisch in Europa gelehrt wird – dieser Unterricht in der Hochsprache ist, und wollen dem Fremden darin entgegenkommen.

***afwan, bass ana ma bėhkî al-fus'hâ.**
Entschuldigung, aber ich nicht ich-spreche die-Hochsprache
Entschuldigung, aber ich spreche keine Hochsprache.

ana bėddî ėhkî mitl an-nâs fish-shauwâri*.
ich Wunsch-mein ich-sprechen wie die-Menschen in-die-Straßen
Ich will reden wie die Menschen auf der Straße.

Stehen Sie vor einem Schild in arabischer Schrift, einer Adresse oder der Umschriftliste zu Beginn des Buches, können Sie fragen:

mumkin tėqrâ lî hâda?
möglich du-liest(m) für-mich dieses
Können Sie mir das vorlesen?

iza mumkin, marra tânîya!
wenn möglich, Mal zweites
Wenn es geht, noch einmal!

fî hadda bėyėhkî inglîzî/farânsî hôn?
es-gibt jemand er-spricht Englisch/Französisch hier
Gibt es hier jemanden, der Englisch/Französisch spricht?

mumkin tėtarjim lî?
möglich du-übersetzt(m) für-mich
Können Sie mir übersetzen?

Dringende Hilferufe

Es gibt Situationen, in denen man nicht viel erklären kann, sondern froh ist, wenn man wenigstens um Hilfe bitte kann.

an-najde!
die-Hilfe
Hilfe!

bėddî musâ*ada!
Wunsch-mein Hilfeleistung
Ich brauche Hilfe!

Die folgende Frage können nur Männer stellen:

mumkin tėwassalni la ...
möglich du-hinführen-mich(m) nach ...
Können Sie mich nach ... bringen?

Dringende Hilferufe

Diese Hilferufe sind auf Hocharabisch abgefasst. Die Schrift wird von rechts nach links gelesen.

إسمي ...

Mein Name ist ...

أنا من ألمانيا / النمسا / سويسرا

Ich komme aus Deutschland/Österreich/der Schweiz.

عرض لي حادث

Ich hatte einen Unfall.

أنا مريض

Ich bin krank.

سرقوني

Man hat mich bestohlen.

فقدتُ وثائقي

Ich habe meine Dokumente verloren.

ساعدوني بسرعة من فضلكم

Helfen Sie mir bitte schnell!

أطلبوا طبيبا / الشرطة من فضلكم

Bitte holen Sie einen Arzt/die Polizei!

أعطوني أكلاً / شرباً من فضلكم

👂 Bitte geben Sie mir etwas zu trinken/essen!

كيف أصل إلى ... ؟

👂 Wie komme ich nach ...?

كيف أصل إلى طبيب / فندق / البلد المقبل

👂 Wie komme ich zum Arzt/Hotel/ nächsten Ort?

أين يمكنني أن أتّصل بالهاتف

👂 Wo kann ich telefonieren?

أخبروا السفارة الألمانية من فضلكم

👂 Bitte benachrichtigen Sie die Deutsche Botschaft!

Unterschiede im Dialekt

Ähnlich wie in Deutschland, wo in Berlin anders gesprochen wird als in Bochum, gibt es auch innerhalb des syrischen Dialektes Unterschiede in der Aussprache. Die auffallendsten sind gar nicht regional, sondern richten sich danach, in welcher sozialen Umgebung die Sprecher aufgewachsen sind.

Unterschiede im Dialekt

Natürlich müssen Sie diese kurzgefasste Hilfe nicht beachten, schließlich wird ein Berliner auch in Bochum verstanden und Sie mit diesem Sprachführer in Aleppo wie im Gaza-Streifen.

Städte sind quasi Sprachinseln, in denen der Dialekt ziemlich gleich gesprochen wird, egal ob es in Jerusalem oder Aleppo ist. Überall wird das **qâf** als Stimmabsatz **'** (als **Hamza'**) ausgesprochen. Wer Arabisch hauptsächlich in einer Stadt sprechen will, sollte sich z. B. statt **qaddêsh?** (wie viel?) gleich **'addêsh?** angewöhnen. Beduinen sprechen das **qâf** wie das deutsche „g" und das **kâf** wie ein „tsch".

Doch nun die regionalen Unterschiede im Einzelnen:

Syrien

Im Euphrattal und der so genannten **J̲ezîra** (der „Insel" zwischen Euphrat und Tigris) wird schon „Irakisch" gesprochen, das sich im Allgemeinen wie ein Beduinendialekt anhört, also **q** wird wie „g" und **k** wie „tsch" ausgesprochen, wenn ein **k** am Wortanfang steht.

Libanon

Im Libanon hört sich jedes **a** wie ein „ä" an, und anstatt **mû** (nein, nicht), der Verneinung für Sätze ohne Verben, wird **mėsh** (nein, nicht) gesagt.

Palästina

Palästinenser sprechen oft, und zwar vor allem auf dem Lande, das **qâf** als „k" aus. Das **j̲îm** kommt vor allem im Gaza- Streifen als „g" vor. Auch hier ersetzt **mėsh** (nein, nicht) das Wort **mû,** und statt **shû?** (was?) hört man **êsh?** (was?).

Golfstaaten, Kuwait, arabische Halbinsel

Der wohl auffallendste Unterschied ist, dass **kâf** wie „tsch" gesprochen wird, vor allem am Wortanfang. Ansonsten gilt auf der arabischen Halbinsel, also auch Saudi-Arabien, ungefähr das, was schon zu Beduinendialekten gesagt wurde.

Literaturhinweise

Arabischbücher gibt es nicht wenige auf dem deutschen Buchmarkt, doch wird in fast allen die arabische Schriftsprache (**fus'hâ**) gelehrt. Einige sind für den ägyptischen Dialekt, doch hilft das in Syrien und auf der arabischen Halbinsel nicht viel.

●Zu empfehlen ist hingegen ein kleines Lexikon von **Eberhard Kuhnt „Syrisch-Arabischer Sprachführer“**, der auch einen kurzgefassten und dennoch sehr guten Grammatikteil enthält.

●Umfassender, aber auch teurer, ist ein altes Buch aus dem Jahre 1910, das 1957 zum letzten Mal aufgelegt wurde: **Leonard Bauer „Deutsch-arabisches Wörterbuch der Umgangssprache in Palästina und Libanon“**. Beide Bücher müssen wohl beim Verlag bestellt werden: Harrassowitz-Verlag, Taunusstr. 5, Wiesbaden.

●Grammatiken gibt es auf Deutsch einige, doch sind sie an ein wissenschaftliches Publikum gerichtet. Sehr gut ist die von **Heinz Grotzfeld**, auch bei Harrassowitz erschienen.

●Wer gut Englisch spricht, findet in der blauen **„Teach-Yourself“- Taschenbuchreihe**, Hodder and Stoughton Verlag, Kent, Lehrbücher zum gesprochenen Arabisch in Saudi-Arabien oder dem Irak. Für die Golfstaaten hilft **Clives Holes' „Gulf-Arabic“** Routledge, New York.

Literaturhinweise

●Das maßgebende Wörterbuch zum syrischen Dialekt wurde von **Karl Stowasser** und **Moukhtar Ani** zusammengestellt: **„Syrian-English Dialekt Dictionary“**, Georgetown University Press.

●Wer hingegen die arabische Hochsprache lernen will (und damit bei Arabern auf höchste Anerkennung stößt), dem seien **Helmut Knopfler: „Modernes Arabisch“**, Julius Groos Verlag, Heidelberg, und **Taufiq Borg: „Modernes Hocharabisch“**, Selbstverlag, Hamburg, empfohlen. Beide sind gut aufgebaut und führen zu raschen Erfolgen, obwohl das letztere schon fast zu viel den ägyptischen Dialekt lehrt.

Fotonachweis:

Sigrid Tondok:
Titelfoto, Seite 1, 8/9, 23, 53, 66, 114, 117.

Fotografen bei Fotolia.com:
© Martin Bohn@fotolia.com: Seite 68/69,
© Serge Nouchi@fotolia.com: Seite 72,
© Pascal Bierret@fotolia.com: Seite 88,
© Bernhard Maurin@fotolia.com: Seite 96,
© Salem Alforaih@fotolia.com: Seite103,
© Dario Bajurin@fotolia.com: Seite132.

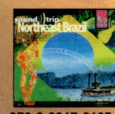

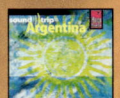

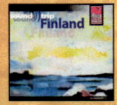

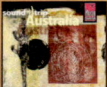

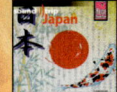

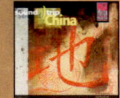

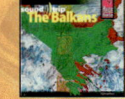

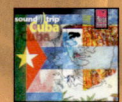

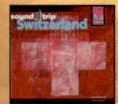

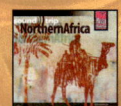

Arabisch lernen ohne Stress!
Der Kauderwelsch AusspracheTrainer macht die wichtigsten Sätze und Redewendungen aus dem Konversationsteil dieses Kauderwelsch-Buches (gekennzeichnet mit 👂) auf Audio-CD hörbar.
Aufbau des Kauderwelsch Aussprache-Trainers:
● Zuerst wird der deutsche Satz gesprochen,
● dann die arabische Übersetzung.
● Es folgt eine Sprechpause, in der der arabische Satz nachgesprochen und geübt werden kann.
● Zur Kontrolle folgt abschließend noch einmal der arabische Satz.
● Kostenpunkt: € 7,90 [D]
● ISBN: 978-3-8317-6174-6
www.reise-know-how.de

Wörterlisten

Die arabischen Wörter sind so ausgewählt, dass sie überall im Dialektgebiet und möglichst auf der ganzen arabischen Halbinsel verstanden werden. Aus diesem Grund sind teilweise etwas „gewähltere" Ausdrücke aus der Hochsprache ausgewählt worden, wie z. B. **risâla** *(Brief), obwohl Palästinenser meistens das Wort* **mektûb** *(Brief) benutzen. Dieser zweite Begriff steht dann hinter dem Kürzel „a:" für „auch". Selbstverständlich werden die „gewählteren" Wörter von jedem verstanden, sie klingen nur gebildeter. In den folgenden Listen sind jeweils ca. 1000 wichtige Wörter Deutsch-Arabisch und Arabisch-Deutsch zusammengestellt. Mit diesem Wortschatz kann man sich schon sehr gut verständigen.*

Hauptwörter *stehen in den Wörterlisten immer in der Einzahl- und in der Mehrzahlform (wenn es sie gibt). Die Mehrzahlformen* **-în** *und* **-ât** *bedeuten, dass die Mehrzahl regelmäßig gebildet wird (s. Kap. „Mehrzahl").*

Weibliche Hauptwörter *sind mit „(w)" gekennzeichnet, alle anderen Hauptwörter sind männlich.*

Tätigkeitswörter *werden in der Grundform, also der Form für „er" in der Vergangenheit angeben, als zweites steht die Grundform Gegenwart, die auch die Form für die 3. Person männlich („er") ist, als drittes folgt, allerdings nur in der Deutsch-Arabischen Wörterliste, die Befehlsform (Imperativ), wenn diese Sinn macht.*

Eigenschaftswörter *stehen nur in der männlichen Form. Ist ihre Mehrzahlform unregelmäßig (wird sie also nicht mit* **-în** *oder* **-ât** *gebildet), wird sie nach der Einzahlform angegeben.*

â *ist wie* **a** *eingeordnet, dasselbe gilt für* **ê/ė** *und* **e**, **î** *und* **i**, **ô** *und* **o**, **û** *und* **u.**

Wörter mit ***ain** *als erstem Buchstaben sind unter dem nachfolgenden Buchstaben eingeordnet, z. B. steht* ***îd** *unter* **i,** *so als hieße das Wort „îd". Das gleiche gilt für Wörter, die ein* **Hamza'** *am Wortanfang haben.*

Wörterliste Deutsch – Arabisch

A

Abendessen *ashâ
aber bass; a: lâkin
ablaufen (Gültigk.) chales, bėyėchles
Absender mursil
Afrika Afriqîya (w)
Ägypten Masr (w)
ähnlich sauwa
Akte mu*ammala (w)
Aleppo Halab (w)
Algerien aj-Jėzâ'er (w)
alle kėll
alles kėll shê
als ob ka'inno
Alter (Lebens-) *umr
Amerika Amrîka (w)
Amman *Ammân (w)
Ampel ishârat al-murûr (w)
an (örtl.) *and
andere(r) ghêr
anderer, ein ghêro
anders ghêr
Angestellter muwazzaf, -în
Angst chôf
ängstlich châyif
ankommen (an) wasal (la), bėyûsal (la)
Anlass (Grund) sabab, asbâb
anprobieren qâs, bėyėqîs, qîs!
anstatt badal
Antwort jauwâb, -ât
antworten ridd, bėyėridd, ridd!
Anwalt mhâmî, -yîn
anwesend maujûd
anziehen (sich etw.) lebis, bėyėlbis, lbês!
Apfel tfaha (w), tfâh
Apotheke saidalîya (w)
Aprikose mishmusha (w), mishmush
Arbeit shighl
arbeiten shtaghl, bėyėshtaghl, shtaghil!
archäolog. Stätten athâr
arm faqîr
Arm îd, îdên
arme Leute fuqarâ
Art (Sorte) nô*, anwâ*
Arzt doktôr, dakatra
Asche safwa (w)
Asien Âsîya (w)
Ast ghėsn, aghsân
auch, noch kamân
auf *ale; a: *â-
auf Wiedersehen ma*a selâma
Aufenthalt(srecht) iqâma (w), -ât
aufhören chales, bėyėchles, challas!
aufschreiben sajjel, bėyėsajjel, sajjil!
Auge *ain, *uyûn
aus mėn
außer ma*adda; a: illa
außerhalb barra
Ausfahrt machraj
Ausgang machraj
auslachen dahaka *ale, bėyėdhak *ale
Ausland blâd barra (w)
Ausländer ajnabî, ajânib
Ausnahme istisnâ'
ausnutzen stėfâd, bėyėstėfîd
ausprobieren jarreb, bėyėjarreb, jarrib!
Auspuff ishtmân
ausrichten chabbar, bėyėchabbar, chabbir!
Ausverkauf richsa (w), -ât
Ausweis hâwîya (w), -ât
Auto sêyâra (w), -ât

B

Bäckerei furn, afrân
Bad hammâm, -ât
Bahnhof mahatta (w), -ât

Wörterliste Deutsch – Arabisch

Balkon balkôn, -ât
Banane môza (w), môz
Bank bank, bėnûk
Bär dubb, dbâb
Batterie battâriya (w), -ât
Bauch batn, butûn
Baum shajara (w), shajar
Bazar sûq, aswâq
Beamter muwazzaf, -în
bedanken, sich tshakkar, bėyėtshakkar, tshakkir!
bedeuten *anâ, bėyė*nî
Bedeutung ma*na
beenden chales, bėyėchles, challas!
Befehl amr, umûr
befehlen 'amor, bėyâmor, 'ėmôr!
bei *and
Bein rijl, rijlên
bekannt mashhûr
benachrichtigen chabbar, bėyėchabbar, chabbir!
Benzin (normal) benzîn (*âdi)
Berg (Mz: Gebirge) jebel, jbâl
berühmt mashhûr
beschädigt charbân
Bescheinigung shahâda (w), -ât
beschimpfen sebb, bėyėsebb
Beschwerde shakwa (w), shakawî
beschweren, sich shtakâ, bėyėshtakî, shtiki!
Besen mkinsa (w), mkânis
besetzt mashghûl
besetzte Gebiete ard muhtalla (w)
Besitz melkiya (w)
besser ahsan
Bestechung rashwa (w)
bestellen talab, bėyėtlab, tlôb!
betrunken sakrân
Bett sėrîr, asirra
Bettuch sharshaf, sharâshif
Bevölkerung sukkân
bevor qabl
bezahlen dafa*, bėyėdfa*, dfâ*!
Bibel injîl
Bier bîra (w)
Bild (Foto) sûra (w), suwar
billig rachîs
Birne (elektr.) lamba (w), -ât
Birne (Frucht) njâza (w), njâz
bis hatta
bis wann la-ėmta
bisschen shwaiy
bitte! tfaddal!, tfaddali! (w)
bitten trajja, bėyėtrajja, trajja!
bitter murr
Blatt (Papier) waraqa (w), waraq
blau azraq (m), zarqa' (w)
bleiben dall, bėyėdall, challîq!
Bleistift qalam rėsâs
Blume zahra (w), zahr
Blut damm
Boden ard (w)
Botschaft safâra (w), -ât
brauchen (etw.) ihtâj (la), bėyėhtâj
braun bunnî
Braut *arûs
Bräutigam *arîs
Bremse frâm, -ât
Brief risâla (w), rasâ'il; a: mektûb, makâtib
Briefkasten sandûq al-barîd
Briefmarke tâbi*, tawâbi*
Briefträger bostaji, bostajiye
Briefumschlag zarf, zėrûf
Brille nadâra (w), -ât

bringen (jmd.) jâb (la), bėyėjîb (la), jîb (la)!
bringend jâyib
Brot chubz
Brücke jisr, jėsûr
Bruder ach, uchwât
Buch ktâb, kutub
bunt mulauwan
Burg qala*a (w), qilâ*a
Büro mėktab, makâtib
Bus bâs, bâsât
Butter zibda (w)

C

Chef mudîr, -în
Christ mesihî, -ye
Christentum al-mesihîya (w)

D

Damaskus ash-Shâm (w); a: Dimashq
Dame sitt (w), saidât
damit minshân; a: *ashân
danach ba*dên
danke! shukran!
danken tshakkar, bėyė-tshakkar, tshakkir!
dann ba*dên
dass inno
Dattel tamra (w), tamar
Datum târîch
Dauer midda
dauern maddad, bėyė-maddad
denken fakkar, bėyėfakkar, fakkir!
denn la-anno
deutsch almânî
Deutsche almâniya, -ât
Deutsche Mark mark almâni, markât almâniya
Deutscher almânî, al-mân
Deutschland Almâniya (w)
Devisen *umla sa*ba (w)
Diät rejîm
dick sėmîn, smân
Dieb harâmî, harâmîye
diese(r, -s) ha- (m/w, Ez)
diese hai (w, Ez)
diese hadôl (Mz)
Diesel mazôd
dieser hâda (m, Ez)
Ding shaghla (w), -ât; a: shû'ismô
Direktor mudîr, -în
Dokumente mu*ammala (w)
Dollar dullâr, -ât
Dorf dê*a (w), diya*
dort hėnîk
draußen barra
Druse durzî, drûz
du ėnte (m), ėnti (w)
dumm majdûb
dünn nhîf
Durchfall ishâl
Durst *atash
durstig *atshân

E

eben (zeitl.) hallâ'
egal! ma*alêsh!
Ehemann jôz
Ehefrau zôjâ
Ei bêda (w), bêd
Eid qasm
eifersüchtig gheiyûr
Eigentum melkiya (w)
eilig musta*jil
Einfahrt madchal
einfach basît
Eingang madchal
einladen *azem, bėyė*zem
Einschreibebrief risâla musajjala (w)
eintreten fât, bėyėfût, fût!
einverstanden! tamâm!
Eis (Wasser-) thalj
Eis (Speise-) bûza (w)
Eisenbahn qitâr, -ât
Empfänger mursal ilê
Engel malâk, malâyik
Entschuldigung! *afwan!
entweder ... oder ... ya ... ya ...

entwickeln (Film) hammad, bėyėhammad
er hûwe
erbrechen, sich râje*, bėyėrâje*
Erbsen bazaliya
Erinnerung zikr (Mz)
Erkältung rashh
erklären sharah, bėyėshrah, shrâh!
Erlaubnis izn
ermäßigen râ*, bėyėrî*, rî*!
Ermäßigung chasm
ernsthaft bi-jadd
Esel hmâr, hamîr
essen 'akol, bėyâkol, kôl!
Essen (Speise) akl (ta*âm)
essend 'âkil
Essig chall
Etage tâbiq, tawâbiq
etwas shê
Euphrat al-Fûrât (w)
Europa îruba (w)
europäisch ôrubî

F

fahren (steuern) sâq, bėyėsûq, sûq!
Fahrer shôfêr, shôfêrîye
Fahrkarte tazkara (w), tazâker
Fahrpreis ijra (w)
Fahrrad bėsėklêt, -ât
Fahrstuhl asensêr
falls iza; a: berki
Familie *âila (w), -ât
Farbe lôn, alwân
fasten sâm, bėyėsûm, sûm!
Fasten siyâm
faul kaslân
feige jabân
Fenster shubbâk, shabâbîk
Ferien *utla (w), *utal
fern bė*îd
Fest *îd, *iyâd
Fett samna (w)
Feuer nâr
Feuerzeug qaddaha (w), -ât
Fieber harrara (w)
finden laqê, bėyėlqî
Firma sherika (w), -ât
Fisch samaka (w), samak
Flasche qannîna (w), qanânî
Fleisch lahm, lėhûm
fleißig shâter
Fliege dėbbâna (w), dėbbân
Flughafen matâr, -ât
Flugzeug taiyâra (w), -ât
folglich minshân hêk
Foto sûra (w), suwar
Fotograf musawwir, -în
fotografieren sawwer, bėyėsawwer, sawwir!
Frage su'âl, as'ile
fragen sa'al, bėyės'al, s'âl!
Frau sitt (w), sėttât; a: mara, hėswân
Frau (Ehe-) zauja (w), -ât
Fräulein ânse (w), -ât
frech qalîl adab
frei (ungezwungen) hurr
Freiheit hurrîya (w)
fremd ajnabî, ajânib
Freund sadîq, asdiqa'; a: sâhib, ashâb
Friseur hallâq, -în
früh bakîr
Frühling rabî*
Frühstück fėtûr
füllen (auffüllen; z.B. Autotank) *abê, bėyė*bî, *abî!
Fundamentalist salafî, -yîn
für la, minshân
Furcht chôf
fürchten, sich châf, bėyėchûf
Fuß rijl, rijlên

G

Gabel shôka (w), shuwak
Gang (Auto) fîtês; a: gîr
Garten bėstân, basâtîn
Garten (Vor-) jnêna (w), jėnâyin
Gasse hâra (w), -ât
Gast dêf, dėyûf
Gebäck (süß) helwâyât
geben *atâ, bėyė*tî, *atî!
Gebet salât (w)
Geburtstag *îd milâd, *iyâd milâd
Gedanke fikra (w), afkâr
Geduld sabr
Geduld, habe ...! tauwil bâlak!
Gefahr chatar
gefährlich chatîr
Gefallen, tu mir einen ...! *mêl ma*rûf!
Gefallen chidma (w), chidam
Gefängnis sijn, sujûn
gegen didd
Geheimnis sirr, asrâr
gehen râh, bėyėrûh, rûh!
gehend (reisend) râyih
gehend (zu Fuß) mâshiyan
geht, es ...! ya*nî!
geizig bachîl
gelb asfar (m), safra (w)
Geld masârî; a: flûs
Geldwechsel tasrîf *umalîyât
Gemüse chudar (Mz)
genau mazbût
genügen (reichen) kafâ, bėyėkfî
Gepäck shanâtî
geradeaus dėghrî
Geruch riha (w)
gesalzen mumalah
Gesang ghėnna (w)
Geschäft mahall, -ât
Geschmack zauq
Gesicht wushsh, wujûh
gestern mbarîch
Gesundheit sahha (w)
Gewicht wazn, auzân
Gewohnheit *âdât (w)
gibt, es fî
Glas kâsa (w), -ât
Glaube (relig.) dîn, adyân (Mz)
gleich sauwa
Glückwunsch! mabrûk!
Glühbirne lamba (w), -ât
Gott allah
Gras hashîsh
gratulieren bârek, bėyėbârek, bârik!
grau ramâdî
Grenze hudûd (Ez/Mz)
griechisch-orthodox rûmî ortodoks
Grippe grîb
groß kėbîr
Größe (Kleidung) qiyâs
Großmutter jadda (w); a: têtê
Großvater jadd, judûd
grün achdar (m), charda' (w)
Grund (Anlass) sabab, asbâb
Gruß salâm, -ât
gültig (bis) sâlih (hatta)
Gummi mattât
Gurke chiyâra (w), chiyâr
gut kuwaiyis; a: mnîh
Güte chêr
gute Nacht! tisbah *ala al-chêr!
guten Morgen! sėbâh al-chêr!
guten Abend! masa al-chêr!

H

Haar she*r
haben *and (+ Personal-endung)
halb nuss
Hälfte nuss
Hals raqba (w); haliq
halt! waqqif!; a: qif!
Haltestelle mauqif, mawâqif; mahatta (w), -ât

Hammelfleisch lahm ghanam
Hand îd, îdên
Handtuch manshafa (w), manâshif
hässlich bashi*
Haus beit, bėyût
Haut jild
heilig muqaddas
Heirat juwâz
heiraten tjawwez, bėyėtjawwez, tjawwiz!
Heiratsfest *urs
heiß shôb; a: sėchn
helfen sâ*ed, bėyėsâ*ed, sâ*id!
hell dâuwi
Herbst charîf
Herr said, asyâd
Herz qalb, qulûb
heute al-yôm
heute morgen al-yôm subh
hier hôn
Hilfe musâ*ada (w), -ât
Himmel sammâ (w)
hinbringen wassel, bėyėwassel, wassil!
hinein juwâ
hinten warra
hinter warra
hoch *âli
höflich mu'addab
Höflichkeit adab
holen jâb, bėyėjîb, jėb!
Holz chashab
Honig *asal
hören sama*, bėyėsma*, smâ*!
Hose bantalôn, -ât
Hotel funduq, fanâdiq; a: otel, -ât
Huhn jâja (w), jâj
Hund kalb, klâb
Hunger jû*
hungrig ju*ân
Hupe zamûr
Husten sa*la (w)
Hut tâqîya (w), tawâqi

I

ich ana
Idiot mahbûl, -în; a: ghabbiy
immer da'ime; a: *ala tûl
in fi
Ingenieur muhendis, -în
innerhalb jûwa
intelligent zakî
Intelligenz zaka
interessant mumti*
Irak al-*Iraq
Iran al-Îrân (w)
irgend etwas shê shaghla (w)
irgendwo shê makân
irren charbet, bėyėcharbet
Islam islâm
Israel Isrâ'îl

J

ja ê, aiwa; a: na*am
Jacke jakêt, -ât; a: sitra (w), -ât
Jahr sėnna (w), snîn
Jahreszeit fasl, fusûl
jede ... kėll ...
jeder kėll wâhid
jederzeit kėll waqt
jemand hadda
jene(r) hadâk (m), hadîk (w)
jene hadôlîk (Mz)
Jerusalem al-Quds (w)
jetzt hallâ'
Joghurt laban
Jordanien al-Urdun (w)
Jude yahûdî, yahûd
jung zghîr, zghâr
Junge walad, ûlâd
junger Mann shabb, shėbbâb

K

Kaffee qahwa (w)
Kairo al-Qâhera; a: Masr (w)
Kalender roznâma (w), -ât
kalt bard
Kälte bard
Kamel jamal, jmâl
Kamm misha (w), -ât

kämpfen qâtel, bėyėqâtel, qâtil!
Kartoffel batata (w)
Käse jibna (w)
Kasten sandûq, sanâdîq
Katholik katolikî, -yîn
Katze qitta (w), qitât; a: bîsa (w), biyâs
kaufen shtėrâ, bėyėshtėrî, shtėri!
Kaufmann bâye*, bâ*a
Kehle haliq; raqba (w)
kein ... wa-lâ ...
keiner wa-lâ hadda
Kellner garson, -iye
kennen *aref, bėyė*ref
kennenlernen (jmd.) ta*arraf, bėyėta*arraf
Kerze sham*a (w), shama*
Kette sėlsėla (w), salâsel
Kind walad, ûlâd (Mz)
Kino sînema (w), -ât
Kirche kanîsa (w), kanâyis
Kirsche karaza (w), karaz
Klasse (Schule) saff, sfûf
Klasse (Zug) daraja (w) -ât
Kleid fistân, fasatîn
Kleidung auwa*i
klein zghîr, zghâr
Kleingeld frâta (w)
Klingel jaras, jrâs
klopfen deqq, bėyėdeqq, diqq!
Knie rikba (w), rikab
Knoblauch thûm
Knopf zarr, zrâr
kochen taboch, bėyėtboch, tbûch!
Kochtopf tanjara (w), tanâjir
Koffer shanta, shanâti
Kollege shrîk, shėraka'
kommen ėjâ, bėyėjî, tâ*a (m)!, tâ*i (w)!
kommend jây
kompliziert sa*ab
können qeder, bėyėqder
Konsulat qonsulîya (w), -ât
Kopf râs, rûs
Kopfsalat chass franjî
Koran qur'ân
Korn habb, hubûb
Kosten masrûf (Ez)
köstlich taiyib
krank marîd
Krankenhaus mustashfâ, -yât
Krankheit marad, amrâd
Kreuzung (Straße) mafraq, mafâriq
Küche matbach, matâbech
Kuchen gâtô
Kugelschreiber qalam nâshif
Kuh baqara (w), -ât
Kultur thaqâfa (w), thaqâ'if
Kupplung dubriyâj
Kurs (Sprach-) dôra (w), -ât
kurz qasîr
Kuss bôsa (w), -ât
küssen bâs, bėyėbûs, bûs!
Kuweit al-Kuwêt (w)

L

lachen dahek, bėyėdhek, dhâk!
Laden mahall, -ât; a: dukkân, dakakîn
Lampe lamba (w), -ât
Land blâd, buldân
lang tawîl
langsam bi-hudu'; a: shwaiy-shwaiy
langsam (Eigensch.) batî*
langsam, mach ...! *alê mahlak/mahlek! (m/w)
lassen challâ, bėyėchallî
laufen rakod, bėyėrkod, rkôd!
leben *âsh, bėyė*îsh
Leben haiyât (w)

Lebensmittel(laden) baqalîya (w), -ât
Leder jild
ledern jildi
leer (Ort) fâdi
legen hatt, bėyėhatt, hott!
Lehrer ustâz, asâtize
leid, das tut mir ...! ana âsif/âsifa! (m/w)
leicht (Gewicht) chafîf
leihen, sich ėsta*âr, bėyėsta*îr
lesen qara, bėyėqra, qrâ!
letzte, der achîr wâhid
letzter ... achîr ...
Libanon Lėbnân (w)
Licht dau
lieb habbâb
lieben habb, bėyėhabb
Linie (Strich) chatt, chutut
links yasâr
Lippe shiffa (w), shafâyif
Löffel ma*laqa (w), ma*aliq
los! yallah!
Luftpost, per bil-barîd al-jâwi
Lüge kizb
lügen kazab, bėyėkzab, kazzib!
Lügner kazzâb, -în
lustig mudhik

M

machen *amal, bėyė*mal, *mâl!; a: sâwê, bėyėsâwî; a: sâwi!
machend *âmil
macht nichts! ma*alêsh!
Mädchen bint (w), banât
Magen mė*da (w)
Mal (z. B. erstes ...) marra (w), -ât
manchmal ahyânan
Mann zalame, zėlm; a: rajul, rijâl
Marmelade murabba (w)
Marokko al-Maghreb (w)
Märtyrer shahîd, shuhada
Maulbeere tûta (w), tût
Maus fâra (w), firân
Medikament dawâ, adwîye
Meer bahėr
Mehl thîn
mehr aktar
meinen *anâ, bėyė*nî
Meinung ra'i
Mensch insân, nâs
merkwürdig *ajîb
Messer sakkîn, sakakîn
Miete îjâr
Milch halîb
militärisch *askarî
Minister wazîr, wuzara
Minute daqîqa (w), daqâ'iq
mit ma*a
Mittag dohr
Mittagessen ghadâ
Mitte wasat
mittelmäßig mutauwasat
mögen habb, bėyėhabb
Monat shahr, shuhûr
Mond qamar, aqmâr
morgen (folg. Tag) bukra
Morgen (Tageszeit) subh
Moschee jâmi*, jawâmi*
Moskito nâmûsa (w), nâmûs
Moslem muslim, -în
Motor motôr, -ât
Motorrad motôsîkl, motôrsîklât
Mücke nâmûsa (w), nâmûs
müde ta*bân
Müdigkeit ta*b
Müll zabâla (w)
müssen lâzim
Mutter umm (w), ummėhât

N

na ja! ya*nî!
nach ba*d
nachdem ba*dên
Nachricht chabar, achbâr
nahe qarîb
Nähe qurb
Nähnadel ibra (w), ibar
Name ism, asmâ'
nass madbûl
Nase anf, unûf
Nation umma (w), ummam; a: watan, autân
Natur tabî*a
nehmen 'achod, bėyâchod, chôd!
nehmend 'âchid
neidisch ghaiyûr
nein lâ
Nest *ishsh, *ishâsh
nichts wa-lâ-shê; mâ shê
niemals abadan
niemand wa-lâ-hadda; mâ hadda
nirgends bil-matrah
nochmals marra tâniya
Norden shmâl
notwendig lâzim
Nummer raqm, arqâm
nur bass

O

Oase wâha (w), wâhât
oben fôq
Obst fawâkih (w)
obwohl rughma inno
oder walla
offen maftûh
offiziell rasmi
öffnen fatah, bėyėftah, ftâh!
ohne bidûn
ohnmächtig ghotân
Ohr izn, azân
Öl (Erd-) nifd
Öl (Speise-) zêt
Olive zeitûna (w), zeitûn
Onkel (Bruder des Vaters *âm
Onkel (Bruder der Mutter) châl
Orange burtqâna, burtqân
Ort (Ortschaft) beled, blâd
Ort (Platz) makân, amkina
Osten sharq

P

paar shwaiy
Paar jôz
Paket tard, turûd
Palästina Falastîn (w)
Palästinenser falastînî, -yîn
palästinensisch falastînî
Palmyra Tėdmor (w)
Parkanlage bėstân, basâtîn
Partner shrîk, shėraka'
Pass basbôr, -ât
Persien al-Îrân (w)
Person zalame, zėolm; a: shachs, ashchâs
Pfeffer filfil
Pferd (Hengst) hsân, hėsne
Pferd (Stute) faras, frâs
Pferde (allg.) chêl (Mz)
Pfirsich darraqîna (w), darraqîn
Pflanzen zrî*a (w), zrî*
Pflaume chôcha (w), chôch
Pilz fitra (w), fitr
Plastiktüte kîs, kiyâs
platt (Reifen) mbanshar
Platz (in der Stadt) sâha (w), -ât
Platz (Ort) makân, amkina
Po (Hintern) tîz, tiyâz
Polizei shurta (w)
Polizist shurti, -yîn
Post (allgemein) barîd
Postamt bôsta (w), -ât

Präservativ kabbût, kababît
Preis haqq; a: si*r, as*âr
Priester chûrî, chawarne
pro Person/Kopf *âr-râs
Problem mushkila (w), mashâkil
profitieren (von) stėfâd, bėyėstėfîd
Prophet nâbî, anbîya'
Protestant brutestantî, -yîn
Prüfung fahas, fhûs
Pumpe (Reifen-) minfâch, manâfîch

Q

Qualm duchchân
Quitte sfarjîla (w), sfarjîl
Quittung wasal, wusûlât

R

Radiergummi mahaya (w), -ât
Radieschen fijla (w), fijl
Rand haffa (w), -ât
Ratte fâra (w), firân
rauchen dachchen, bėyėdachchen, dachchin!
Rechnung hėsâb, -ât; a: fatûra (w), -ât
Recht, du hast ...! ma*ak al-haqq!
rechts yamîn
redend hâkî
Regen matar, amtâr
reich ghaniy
reiche Leute aghniyâ (Mz)
reichen (genügen) kafâ, bėyėkfî
reicht, es ...! challas!
Reifen dulâb, dawalîb
Reis rėzz
Reise rihla (w), -ât
reisen sâfer, bėyėsâfer, sâfir!
Reisender musâfir, -în
Reiseschecks shêkât siyâhîya
Reißverschluss sahhâb, sahhabât
Religion dîn, adyân
Reparatur taslîh, -ât
reparieren salleh, bėyėsalleh, sallih!
Restaurant mat*am, matâ*im
Rezept (Arzt-) rashâfa (w), -ât
richtig mazbût
richtig sahh
Richtung ittijâh, -ât
Rindfleisch lahm *jl
ringsherum haula
rosa zahr
rot ahmar (m),
– hamral (w)
Rückkehr *auda (w)
Rückseite wushsh tâni

S

Sache shê, ashyâ'; a: haja (w), -ât
sagen qâl, bėyėqûl, qûl!
Salz melh
Sandsturm *ajâj, -ât
satt shab*ân
sauber ndîf
säubern naddef, bėyėnaddef, naddif!
Saudi-Arabien as-Sė*ûdîya (w)
sauer (Speise) hamud
Schaden darrar, adrâr
Schale qishra (w), qishir
Schalter (Amt) shubbâk, shabâbîk
schämen, sich stahê, bėyėstahê, stihi!
scharf (Gewürz) hadd
Scheck shêk, -ât
Scheich shêch, shuyûch
Schere mqass, mqâss
Scherz mazha (w), -ât
schicken ba*at, bėyėb*at, b*ât!
Schiff safîna (w), sufun
Schiit shi*î, -ye

Schirm shamsîya (w), -ât
Schlaf nôm
schlafen nâm, bėyėnâm, nôm!
Schlaganfall sekta qalbîya (w)
schlagen d̲arob, bėyėd̲rob, d̲rôb!
Schlange thi*bân, thâ*bîn
schlecht (Bewertg.) saiyye
schließen sakker, bėyėsakkir, sakkir!
Schloss qiffel, qifâf
Schlüssel miftah̲, mafâtih̲
schmackhaft t̲aiyib
Schmerz waj̲a*
schmerzen waj̲a*, bėyûj̲a*
schmutzig wėsich
Schnee thalj̲
schneiden qat̲t̲er, bėyėqat̲t̲er, qat̲t̲ir!
schnell sarî*
schnell, mach ...! bi sur*a!
schön j̲amîl; a: h̲eluw
Schrank chizzana (w), chazzayin
Schraube birghi, barâghi
Schraubenschlüssel miftah̲ shaqq
Schraubenzieher mfakk
schreiben kateb, bėyėkteb, ktôb!
Schuh (Frauen-) kindra (w), kanâdir
Schuh (Männer-) s̲ubbât̲, s̲ababît̲
schuld, du bist ...! *alek(i) al-h̲aqq!
schwach (Dinge) chafîf
schwach (Personen) d̲a*îf
schwanger h̲âmil
schwarz aswad (m), sôda' (w)
Schwein chanzîr, chanâzir
schwer (Gewicht) thaqîl
Schwester ucht (w), uchwât banât
schwierig sa*ab
schwul maniyak; a: shâz
Schwur qassam
sehen shâf, bėyėshûf, shûf!
sehend shâyif
sehr ketîr
Seife s̲abûna, s̲abûn
sei ...! challîk ...!
seit wann? mėn ėmta?
seit mėn
Seite safh̲a (w), -ât
Semester fas̲l, fus̲ûl
Senf chardal
setzen, sich j̲ales, bėyėj̲les, j̲lîs!
sie (Ez) hîye
sie (Mz) hėnne
Sie (ihr) ėntu
Sitte taqalîd; a: *âdât (w)
sitzen j̲ales, bėyėj̲les, j̲lîs!
sitzend j̲âlis
Sitzung j̲alsa (w), -ât
sogar h̲atta
Sohn ibn, ûlâd
solange h̲atta inno
Soldat j̲undi, j̲ėnûd
sollen lâzim
Sommer s̲êf
sondern bass
Sonne shams, shumûs
Sorte (Art) nô*, anwâ*
spät (zu spät) muta'acher
Sprache lugha, lughât
sprechen h̲akê, bėyėh̲kî, ih̲kî!
Spritze ibra (w), ibar
Staat daula (w), duwal
staatlich h̲ukûmi
Stadt medîna (w), mėdon
stark qâwi
Staub ghabra (w)
stehen waqqef, bėyėwaqqef

stehen, bleib ...! waqqif!
stehlen saroq, bėyėsroq
Stempel châtem, chutûm
sterben mât, bėyėmût
steril (keimfrei) mu*aqqam
Stern najma (w), nujûm
Stiefel jazma (w), -ât
Stoff qimâsh (Ez/Mz)
Straße shâri*, shawâri*
Streichhölzer kibrît
Strich (Linie) chatt, chutut
Stück qit*a (w), -ât
Student tâlib, tullâb
Stuhl kursi, karâsi
stumm achras
Sturm *âsfa (w), *awâsef
suchen dawwar, bėyėdawwar, dawwir!
Süden jėnûb
Superbenzin mumtâz
süß heluw
Süßigkeiten sakkâkir
Syrer sûrî, -yîn
Syrien Sûrîya (w)
syrisch sûrî
syrisch-orthodox siriân

T

Tabak timbâk
Tablett sînîya (w), -ât
Tablette habba (w), hubûb
Tag yôm, ayâm
Tag (Ggs.: Nacht) nahr, anhâr
Tal wâdi, wudyân
Tank (z. B. Auto) chazzân, chazâzîn
Tankstelle mahattat benzîn (w)
Tante (Schwester der Mutter) châla (w)
Tante (Schwester des Vaters) *âma (w)
tanzen raqas, bėyėrqas, rqâs!
Tasche (Mz: Gepäck) shanta, shanâtî
Tasche (Hosen-) jêba (w), jiyab
Taschentuch mandîl, manâdîl
taub atrâsh
Taube hammâma (w), hammâm
Taxi taksi
Techniker muhendis, -în
Tee shâi
Telefon telfôn, -ât
telefonieren ėttasel, bėyėttasel, ėttasil!
Telegramm barqîya (w), -ât
Teller sahn, suhûn
Teppich sejjâda (w), -ât
teurer aghla
tief *amîq
Tier haiwân, -ât
Tigris Dajla (w)
Tisch tawîla (w), -ât
Tochter bint, banât
Toilette tuwalet, -ât
Toilettenpapier manâdîl tuwalet
tragen hamel, bėyėhmel, hmêl!
Treffpunkt mau*id, mawâ*id
Treppe daraj, adrâj
treu muchlis
trinken sharab, bėyėshrab, shrâb!
trinkend shârib
Trinkgeld bachshîsh
trotzdem ma*a zalek
Tür bâb, abwâb
Türkei Turkîya (w)

U

überall fi kull makân
überlegen fakker, byėfakker, fakkir!
übermorgen ba*da bukra
Uhr sâ*a (w), -ât
Uhrzeit sâ*a (w)

und we, w-
Unfall hâdis, hawâdis
unhöflich qalîl adab
unreif (Früchte) a*jer
unten taht
unter taht
Unterschied farq, furûq
Unterschrift tauqî*, tawâqi*
Untersuchung (Arzt) mu*âyana (w), -ât
Untersuchung (Zoll) taftîsh, tafâtîsh
unterwegs *ât-tarîq
Urin bôl
Urlaub ijâza (w)

V

Vater ab, abâ'
Ventilator marwaha (w), -ât
verantwortlich mas'ûl
verboten mamnû*
verkaufen bâ*, bėyėbî*, bî*!
verheiratet mutazauwaj
verlangen talab, bėyėtlab, tlôb!
verlängern medded, bėyėmedded
Verlängerung tamdîd
verlassen tarak. bėyėtrak, trôk!
verletzt majrûh
Verletzter majrûh, -în
verlieben, sich chatob, bėyėchtob, chtôb!
verlieren dawwe*, bėyėdawwe*
verschenken hadê, bėyėhdî
Versicherung ta'mîn
Verspätung ta'chîr, -ât
versprechen wa*ed, bėyû*ed, wa*îd!
verstanden mafhûm
verstehen fahem, bėyėfhem, fhâm!
verstehend fâhim
Vertrag *aqd, *uqûd
Verwandte aqârib (Mz)
viel ketîr
Viertel rub*a
Viertel (Stadt-) maskan, masâken
Visum vîsa (w), -ât; a: ta'shira (w), -ât
Vogel *asfûr, *asâfir
Volk sha*ab, shu*ûb
voll (gefüllt) malyân
von mėn
vorgestern auwal mbârich
vorig mâdî
voriges Jahr as-sėnna al-mâdîya
vorn muqaddim
Vorsicht! ô*a!
vorsichtig hazer

W

wach sâhyân
Wagen *araba (w), -ât
wählen chtâr, bėyėchtâr, chtâr!
wahr sahih
Wahrheit haqîqa, haqâ'iq
Wald ghâba (w), -ât
wann ėmta
war (Verb) kân (unregelm.)
warm (Dinge) sėchen
warm (Wetter, Luft) shôb
warten stanna, bėyėstanna, stanna!
warum? lêsh?
was? shû?
waschen (etw./jmd.) ghasol, bėyėghsol, ghsêl!
waschen, sich thammam, bėyėthammam, thammam!
Wasser maiy
Wasserhahn hanâfîya (w), -ât
Wassermelone battîcha, battîch
Watte quttôn tubbi
Wechselgeld srâfet
wechseln (Geld) sarraf, bėyėsarraf, sarrif!

wechseln (etw.) ghayyir, bėyėghayyir, ghayyir!
Weg t̲arîq, t̲uruq
wegen minshân
weil la'anno
Weintraube *aniba (w), *anib
weiß abyad̲ (m), beid̲a' (w)
weit bė*îd
welche(-r, -s) aiy; a: anu
Welt *âlam
wenig shwaiy; a: qalîl
wenn (zeitlich) waqt il
wenn (falls) iza; a: berki
wer? mîn?
werden s̲âr, bėyės̲îr
Werkstatt warsha (w), -ât
Wert qîma (w)
weshalb? lêsh?
wessen? la-mîn?
Westen gharb
westlich ôrubî
Wetter jau
wichtig muhimm
wie (Vergleich) mitl ma
wie? kîf?; a: shlôn?
wieder kamân
wieso? lêsh?
wie viel? qaddêsh?; a: kam?
Wind hawa
Winter shit̲t̲â
wir nėh̲na
wissen *arif, bėyė*rif, *arîf!
wissend *ârif
wo? wên?
Woche ėsbû*, asâbî*; a: jėm*a (w), jėma*
wofür? minshân shû?
woher? mėn-wên?; a: minên?
wohin? la-wên?
wohnen saken, bėyėsken
wohnend sâkin
Wohnung bêt, bėyût
Wolle s̲ôf
wollen bėdd (+ Personalendung)
Wort kilma (w), -ât
Wunde jėrh̲, jėrûh̲
Wüste s̲ah̲râ

Z

zählen *edd, byė*edd, *idd!
Zahn sinn, snân
Zahnbürste furshat asnân, furshât asnân
zeigen farjê, bėyėfarjî, farjî!
Zelt chêma (w), chiyam
zelten chayyem, bėyėchayyem
zerbrechen kaser, bėyėkser
zerbrochen mukassar
Zeuge shâhid, shuhûd
Zigarette sîgâra (w), sagâyer
Zimmer ghėrfa (w), ghėraf; a: ôd̲a (w), wad̲
Zoll jamârik
Zöllner jumruki, -ye
Zucker sėkkar
zufrieden mabsût̲
Zündkerze bûjî, -yât
Zunge lėsân, alsun
zurück la-warrâ
Zylinder (Auto) silinder, -ât
Zypern Qėbros̲

Wörterliste Arabisch – Deutsch

A

*â- auf
ab, abâ' Vater
abadan niemals
*abê, bėyė*bî füllen
abyad (m), beida' (w) weiß
ach, uchwât Bruder
'âchid nehmend
achîr letzter
achîr wâhid der letzte
'achod, bėyâchod nehmen
achras stumm
adab Höflichkeit
*âdât (w) Gewohnheit
Afriqîya (w) Afrika
*afwan! Entschuldigung!
aghla teurer
aghniyâ (Mz) reiche Leute
ahmar (m), hamra' (w) rot
ahsan besser
ahyânan manchmal
*âila (w), -ât Familie
*ain, *uyûn Auge
aiwa ja
aiy welche(r, -s)
*ajâj, -ât Sandsturm
a*jer unreif (Früchte)
aj-Jèzâ'er (w) Algerien
*ajîb merkwürdig
ajnabî, ajânib Ausländer; Fremder
akl (ta*âm) Essen (Speise)
'akol, bėyâkol essen
aktar mehr
*alam Welt
*ale auf
*ale mahlak/-ek! (m/w) mach langsam!
*ale tûl geradeaus; a: immer
*alek(i) al-haqq! du bist schuld!
al-Fûrât (w) Euphrat
*âli hoch
al-Îrân (w) Iran, Persien
al-*Iraq (w) Irak
al-Kuwêt (w) Kuweit
allah Gott
al-Maghreb (w) Marokko
almânî, almân (Mz) Deutscher; deutsch
Almâniya (w) Deutschland
al-mesihîya (w) Christentum
al-Qâhera Kairo
al-Quds (w) Jerusalem
al-Urdun (w) Jordanien
al-yôm heute
al-yôm subh heute Morgen
*âm Onkel (Bruder des Vaters)
*âma (w) Tante (Schwester des Vaters)
*amal, bėyė*mal machen
*âmil machend
*amîq tief
*Ammân (w) Amman
'amor, bėyâmor befehlen
amr, umûr Befehl
Amrîka (w) Amerika
ana ich
*anâ, bėyė*nî bedeuten, meinen
*and bei
anf, unûf Nase
*aniba (w), *anib Weintraube
ânse (w), -ât Fräulein
anu welche(r, -s)
aqârib (Mz) Verwandte
*aqd, *uqûd Vertrag
*araba (w), -ât Wagen
ard (w) Boden, Land
ard muhtalla (w) besetzte Gebiete
*aref, bėyė*ref kennen, wissen
*ârif wissend

***arîs** Bräutigam
***ar-râs** pro Person/Kopf
***arûs** Braut
***asal** Honig
asensêr Fahrstuhl
asfar (m), safra (w) gelb
***asfûr, *asâfir** Vogel
***âsh, bėyė*îsh** leben
***ashâ** Abendessen
***ashân** um zu, damit
ash-Shâm (w) Damaskus
***âsif** bedauernd
***âsifa (w), *awâsef** Sturm
Âsîya (w) Asien
***askarî** militärisch; a: Soldat
as-sėnna al-mâdîya voriges Jahr
as-Sė*ûdîya (w) Saudi-Arabien
aswad (m), sôda' (w) schwarz
***atâ, bėyė*tî** geben
***atash** Durst
athâr archäol. Stätten
atrâsh taub
***atshân** durstig
***ât-tarîq** unterwegs
***auda (w)** Rückkehr
auwa*i (Ez/Mz) Kleidung
auwal mbârich vorgestern
azraq (m), zarqa' (w) blau

B

bâ*, bėyėbî* verkaufen
ba*at, bėyėb*at schicken
bâb, abwâb Tür
bachîl geizig
bachshîsh Trinkgeld
ba*d nach
ba*da bukra übermorgen
badal anstatt
ba*dên danach, nachdem; a: dann
bahėr Meer
bakîr früh
balkôn, -ât Balkon
bank, bėnûk Bank
bantalôn, -ât Hose
baqalîya (w), -ât Lebensmittel(geschäft)
baqara (w), -ât Kuh
bard Kälte; kalt
bârek, bėyėbârek gratulieren
barîd Post (allgemein)
barqîya (w), -ât Telegramm
barra außerhalb, draußen
bâs, bâsât Bus
bâs, bėyėbûs küssen
basbôr (w), -ât Reisepass
basît einfach
bass nur; a: aber, sondern
batata (w) Kartoffel
batî* langsam
batn, butûn Bauch
battâriya (w), -ât Batterie
battîcha, battîch Wassermelone
bâye*, bât*a Verkäufer
bazaliya Erbsen
bêda (w), bêd Ei
bėdd (+ Personal-endung) wollen
bė*îd weit, fern
beit, bėyût Haus, Wohnung
beled, blâd Ort
benzîn (*âdi) Benzin (normal)
berki falls, wenn
bėsėklêt, -ât Fahrrad
bėstân, basâtîn Garten, Parkanlage
bi hudu' langsam (Eigenschaft)
bi sur*a! mach schnell!
bidûn ohne
bil-barîd al-jâwi per Luftpost
bil-matrâh nirgens

bint (w), banât Mädchen; Tochter
bîra (w) Bier
birghi, barâghi Schraube
bîsa (w), biyâs Katze
blâd barra (w) Ausland
bôl Urin
bôsa (w), -ât Kuss
bôsta (w), -ât Postamt
bostaji, bostajiye Briefträger
brutestantî, -yîn Protestant
bûjî, -yât Zündkerze
bukra morgen (folgender Tag)
bunni (m), bunniya (w) braun
burtqâna, burtqân Orange
bûza (w) (Speise)Eis

CH

chabar, achbâr Nachricht
chabbar, bèyèchabbar ausrichten
chafîf schwach (Dinge); a: leicht
châl Onkel (Bruder der Mutter)
châla (w) Tante (Schwester d. Mutter)
chales, bèyèchles ablaufen, beenden (Gültigkeit)
chall Essig
challâ, bèyèchallî lassen
challas! hör auf!, Schluss!, es reicht!
challîk ...! sei ...!
challîk hazer! sei vorsichtig!
chanzîr, chanâzîr Schwein
charbân beschädigt
charbet, bèyècharbet sich irren
chardal Senf
charîf Herbst
chashab Holz
chasm Ermäßigung
chass franjî Kopfsalat
chatar Gefahr
châtem, chutûm Stempel
chatîr gefährlich
chatob, bèyèchtob sich verlieben
chatt, chutût Linie, Strich
châyif ängstlich
chayyem, bèyèchayyem zelten
chazzân, chazâzîn Tank (z.B. Auto)
chêl Pferde (allg.)
chêma (w), chiyam Zelt
chêr Güte
chidma (w), chidam Gefallen; Dienst
chiyâra (w), chiyâr Gurke
chizzana (w), chazzayin Schrank
chôcha (w), chôch Pflaume
chôf Angst, Furcht
chtâr, bèyèchtâr wählen
chubz Brot
chudar (Mz) Gemüse
chûrî, chawarne Priester

D

dachchen, bèyè-dachchen rauchen
dafa*, bèyèdfa* bezahlen
dahaka *ale, bèyèdhak *ale jmd. auslachen
dahek, bèyèdhek lachen
da*îf schwach (Person)
da'ime immer
Dajla (w) Tigris
damm Blut
daqîqa (w), daqâ'iq Minute
daraj, adrâj Treppe
daraja (w), -ât Klasse (Zug)

darob, bėyėdrob schlagen
darraqîna (w), darraqîn Pfirsich
darrar, adrâr Schaden
dau Licht
daula (w), duwal Staat
dâuwi hell
dawâ, adwîye Medikament
dawwar, bėyėdawwar suchen
dawwe*, bėyėdawwe* verlieren
dê*a (w), diya* Dorf
dėbbâna (w), dėbbân Fliege
dêf, dėyûf Gast
dėghrî geradeaus
deqq, bėyėdeqq klopfen
didd gegen
Dimashq Damaskus
dîn, adyân Glaube, Religion
dohr Mittag
doktôr, dakatra Arzt
dôra (w), -ât (Sprach)Kurs
dubb, dbâb Bär
dubriyâj, -ât Kupplung
duchchân Qualm
dukkân, dakakîn Geschäft, Laden
dulâb, dawalîb Reifen
dullâr, -ât Dollar

E

ê ja
***edd, bėyė*edd** zählen
ėjâ, bėyėjî kommen
ėmta wann
ėnte (m), ėnti (w) du
ėntu ihr, Sie
ėsbû*, asâbî* Woche
ėsta*âr, bėyėsta*îr sich leihen
ėttasel, bėyėttasel telefonieren

F

fâdi frei, leer (Ort)
fahas, fhûs Prüfung
fahem, bėyėfhem verstehen
fâhim verstehend
fakker, byėfakker überlegen, denken
Falastîn (w) Palästina
falastînî, -yîn Palästinenser; palästinensisch
faqîr arm
fâra (w), firân Maus, Ratte
faras, frâs Pferd (Stute)
farjê, bėyėfarjî zeigen
farq, furûq Unterschied
fasl, fusûl Jahreszeit; Semester
fât, bėyėfût eintreten
fatah, bėyėftah öffnen
fatûra (w), -ât Rechnung
fawâkih (w) Obst
fėtûr Frühstück
fi in
fi kull makân überall
fî es gibt
fî? gibt es?
fijla (w), fijl Radieschen
fikra (w), afkâr Gedanke
filfil Pfeffer
fistân, fasatîn Kleid
fîtês Gang, Getriebe (Auto)
fitra (w), fitr Pilz
flûs Geld
fôq oben
frâm, -ât Bremse (Auto)
frâta (w) Kleingeld
funduq, fanâdiq Hotel
fuqarâ (Mz) arme Leute
furn, afrân Bäckerei
furshat asnân Zahnbürste

G

garson, -iye Kellner
gâtô Kuchen
gîr Gang, Getriebe (Auto)
grîb Grippe

GH

ghâba (w), -ât Wald
ghabra (w) Staub
ghadâ Mittagessen
ghaiyûr neidisch
ghâli teuer
ghaniy reich
gharb Westen
ghasol, bėyėghsol waschen
gheiyûr eifersüchtig
ghėnna (w) Gesang
ghêr andere(r); anders
ghėrfa (w), ghėraf Zimmer
ghêro ein anderer
ghėsn, aghsân Ast
ghotân ohnmächtig

H

ha- diese(r, -s); diese (Mz)
habb, bėyėhabb lieben, mögen
habb, hubûb Korn
habba (w), hubûb Tablette, Pille
habbâb lieb
hâda dieser (m, Ez)
hadâk jener (m, Ez)
hadd scharf (Gewürz)
hadda jemand
hadê, bėyėhdî verschenken
hadîk jene (w, Ez)
hâdis, hawâdis Unfall
hadôl diese (Mz)
hadôlîk jene (Mz)
haffa, -ât Rand
hafla (w), -ât Fest, Fete
hahê, bėyėhkî sprechen, reden
hai diese (w, Ez)
haiwân, -ât Tier
haiyât (w) Leben
hâja (w) Bedarf; a: Sache
hâkî redend
Halab (w) Aleppo
halîb Milch
haliq Kehle
hallâ' eben, jetzt (zeitl.)
hallâq, -în Friseur
hamel, bėyėhmel tragen
hâmil schwanger
hammâm, -ât Bad
hammâma (w), hammâm Taube
hamud sauer (Speise)
hanâfîya (w), -ât Wasserhahn
haqîqa (w), haqâ'iq Wahrheit
haqq Preis; a: Schuld; a: Recht
hâra (w), -ât Gasse
harâmî, harâmîye Dieb
harrara (w) Fieber
hashîsh Gras
hatt, bėyėhatt legen
hatta bis; a: sogar
hatta inno solange
haula ringsherum
hawa Wind
hâwîya (w), -ât Ausweis
hazer vorsichtig
hêk so, auf diese Art
heluw süß; a: schön
helwâyât süßes Gebäck
hėnîk dort
hėnne sie (Mz)
hėsâb, -ât Rechnung
hîye sie (Ez)
hmâr, hamîr Esel
hôn hier
hsân, hėsne Pferd (Hengst)
hudûd (Ez/Mz) Grenze
hukûmi staatlich
hurr frei, ungezwungen
hurrîya (w) Freiheit
hûwe er

I

ibn, ûlâd Sohn
ibra (w), ibar Nähnadel
îd, îdên Arm; Hand
***îd, *iyâd** Fest
***îd milâd, *iyâd milâd** Geburtstag
ihtâj (la), bėyėhtâj (la) (etw.) brauchen
ijâr Miete

ijâza (w) Urlaub, Ferien
ijra (w) Fahrpreis
illa außer
injîl Bibel
inno dass
insân, nâs Mensch
iqâma (w), -ât Aufenthalt(srecht)
ishâl Durchfall
isharat al murûr (w) Ampel
***ishsh, *shâsh** Nest
ishtmân, -ât Auspuff
islâm Islam
ism, asmâ' Name
Isrâ'îl Israel
istisnâ' Ausnahme
ittijâh Richtung
iza wenn, falls
izn Erlaubnis
izn, azân Ohr

J

jâb (la), bėyėjîb (la) (jmd.) bringen, holen
jabân feige
jadd, judûd Großvater
jadda (w), -ât Großmutter
jâja (w), jâj Huhn
jakêt, -ât Jacke
jales, bėyėjles sitzen; sich setzen
jâlis sitzend
jalsa (w), -ât Sitzung
jamal, jmâl Kamel
jamârik Zoll
jâmi*, jawâmi* Moschee
jamîl schön
jaras, jrâs Klingel
jarreb, bėyėjarreb ausprobieren
jau Wetter
jauwâb, -ât Antwort
jawâz safar, jawâzât Pass
jây kommend
jâyib bringend
jazma (w), -ât Stiefel
jêba (w), jiyab (Hosen)tasche
jebel, jbâl Berg; Mz: Gebirge
jėm*a (w), jėma* Woche
jėnûb Süden
jėrh, jėrûh Wunde
jibna (w) Käse
jild Haut; Leder
jildi ledern
jisr, jėsûr Brücke
jnêna (w), jėnâyin Vorgarten
jôz Ehemann; a: Paar
jû* Hunger
ju*ân hungrig
jumruki, -ye Zöllner
jundi, jėnûd Soldat
jûwa innerhalb; hinein
juwâz Heirat

K

kabbût, kababît Präservativ
kafâ, bėyėkfî reichen, genügen
ka'inno als ob
kalb, klâb Hund
kam? wie viel?
kamân auch, noch, nochmals
kân war (Verb)
kanîsa (w), kanâyis Kirche
karaza (w), karaz Kirsche
kâsa (w), -ât Glas
kaser, bėyėkser zerbrechen
kaslân faul
kateb, bėyėkteb schreiben
katolikî, -yîn Katholik
kazab, bėyėkzab lügen
kazzâb, -în Lügner
kėbîr groß
kėll alle
kėll ... jede ...
kėll shê alles
kėll wâhid jeder
kėll waqt jederzeit
ketîr sehr, viel
kibrît (Mz) Streichhölzer
kîf? wie?
kilma (w), -ât Wort

kindra (w), kanâdir Frauenschuhe
kirsh Bauch
kîs, kiyâs Plastiktasche
kizb Lüge
ktâb, kutub Buch
kursi, karâsi Stuhl
kuwaiyis gut

L

la für
lâ nein
la'anno weil, denn
laban Joghurt
la-ėmta? bis wann?
lahm ghanam Hammelfleisch
lahm *jl Rindfleisch
lahm, lėhûm Fleisch
lamba (w), -ât Lampe; Birne
la-mîn? wessen?
laqê, bėyėlqî finden
la-warra zurück
la-wên? wohin?
lâzim notwendig; müssen; sollen
lebis, bėyėlbis sich anziehen
Lėbnân (w) Libanon
lėsân, alsun Zunge
lêsh? warum?, wieso?
lôn, alwân Farbe
lugha (w), -ât Sprache

M

ma*a mit
ma*a selâma! auf Wiedersehen!
ma*a zalek trotzdem
ma*add außer
– ma*ak al-haqq! du hast Recht!
ma*alêsh! macht nichts!, egal!
mabrûk! Glückwunsch!
mabsût zufrieden
machraj Ausfahrt, Ausgang
madbûl nass
madchal Einfahrt, Eingang
maddad, bėyėmaddad dauern
mâdî vorig
mafhûm verstanden
mafraq, mafâriq Kreuzung
maftûh offen
mahall, mahallât Geschäft, Laden
mahatta (w), -ât Bahnhof; Haltestelle
mahattat benzîn (w) Tankstelle
mahaya (w), -ât Radiergummi
mahbûl, -în Idiot
maiy Wasser
majdûb dumm
majrûh, -în Verletzter; verletzt
makân, amkina Platz, Ort
malâk, malâyik Engel
ma*laqa (w), ma*aliq Löffel
malyân voll
mamnû* verboten
ma*na Bedeutung
manâdîl tuwalet (Mz) Toilettenpapier
mandîl, manâdîl Taschentuch
maniyak schwul
manshafa (w), manâshif Handtuch
marad, amrâd Krankheit
marîd krank
markât almâniya (Mz) Deutsche Mark
marra (w), -ât Mal (z. B. erstes, zweites ...)
marra tâniya nochmals
marwaha (w), -ât Ventilator
masa al-chêr! guten Abend!
masârî Geld
mashghûl besetzt
mashhûr bekannt, berühmt
mâshiyan zu Fuß
maskan, masâken Stadtviertel

Masr (w) Ägypten; a: Kairo
masrûf Kosten
mas'ûl verantwortlich
mât, bėyėmût sterben
mat*am, matâ*im Restaurant
matar, amtâr Regen
matâr, -ât Flughafen
matbach, matâbech Küche
mattât Gummi
mau*id, mawâ*id Treffpunkt, Treffen
maujûd anwesend
mauqif, mawâqif Haltestelle
mazbût genau, richtig
mazha (w), -ât Scherz
mazôd Diesel
mbanshar platt (Reifen)
mbarîch gestern
mė*da (w) Magen
medded, bėyėmedded verlängern (z. B. Gültigkeit eines Visums)
medîna (w), mėdun Stadt
mėktab, makâtib Büro
mektûb, makâtib Brief
melh Salz
melkiya (w) Besitz, Eigentum
mėn aus; von; seit
mėn ėmta? seit wann?
mėn-wên? woher?
mfakk Schraubenzieher
mhâmî, -yîn Anwalt
midda Dauer
miftah, mafâtih Schlüssel
miftah shaqq Schraubenschlüssel
mîn? wer?
minên? woher?
minfâch, manâfîch (Reifen)Pumpe
minshân damit, wegen, um zu, für
minshân hêk folglich
minshân shû? wofür?
misha (w), -ât Kamm
mishmusha (w), mishmush Aprikose
mitl ma wie (Vergleich)
mkinsa (w), mkânis Besen
mkwaya (w), -ât Bügeleisen
mnîh gut
motôr, -ât Motor
motôsîkl, -ât Motorrad
môza (w), môz Banane
mqass, mqâss Schere
mu'addab höflich
mu*ammala (w) Dokumente; Akte
mu*aqqam steril, keimfrei
mu*âyana (w), -ât Untersuchung (Arzt)
mubarrid Kühler
muchlis treu
mudhik lustig
mudîr, -în Direktor, Chef
muhendis, -în Ingenieur, Techniker
muhimm wichtig
mukassar zerbrochen
mulauwan bunt
mumalah gesalzen
mumtâz Superbenzin; a: super
mumti* interessant
muqaddas heilig
muqaddim vorn
murabba (w) Marmelade
murr bitter
mursal ilê Empfänger
mursil Absender
musâ*ada (w), -ât Hilfe
musâfir, -în Reisender
musawwir, -în Fotograf
mushkila (w), mashâkil Problem
muslim, -în Moslem
musta*jil eilig
mustashfâ, -yât Krankenhaus
muta'acher (zu) spät
mutauwasat mittelmäßig
mutazauwaj verheiratet
muwazzaf, -în Angestellter, Beamter

N

na*am ja; a: wie bitte?
nâbî, anbîya' Prophet
nadâra (w), -ât Brille
naddef, bėyėnaddef säubern
nahr, anhâr Tag (Ggs.: Nacht)
najma (w), nujûm Stern
nâmûsa (w), nâmûs Mücke, Moskito
nâr Feuer
ndîf sauber
nėhna wir
nhîf dünn
nifd Erdöl
njâza (w), njâz Birne (Frucht)
nô*, anwâ* Sorte, Art
nôm Schlaf
nuss Hälfte; halb

O

ô*a! Vorsicht!
ôda (w), wad Zimmer
ôruba (w) Europa
ôrubî europäisch; westlich
otel, -ât Hotel

Q

qabl bevor
qaddaha (w), -ât Feuerzeug
qaddêsh? wie viel?
qahwa (w) Kaffee
qâl, bėyėqûl sagen, sprechen
qala*a, qilâ*a Burg
qalam nâshif Kugelschreiber
qalam rėsâs Bleistift
qalb, qulûb Herz
qalîl wenig
qalîl adab frech, unhöflich
qamar, aqmâr Mond
qannîna (w), qanânî Flasche
qara, bėyėqra lesen
qarîb nahe
qâs, bėyėqîs anprobieren
qasîr kurz
qasm Eid
qassam Schwur
qâtel, bėyėqâtel kämpfen
qattet, bėyėqatter schneiden
qâwi stark
qeder, bėyėqder können
qif! halt!
qiffel, qifâf Schloss
qîma (w) Wert
qimâsh Stoff
qishra (w), qishir Schale
qit*a (w), -ât Stück, Stücke
qitâr (w), -ât Eisenbahn
qitta (w), qitât Katze
qiyâs Größe (Kleidung)
qonsulîya (w), -ât Konsulat
qur'ân Koran
qurb Nähe
quttôn tubbi Watte

R

râ*, bėyėrî* ermäßigen
rabî* Frühling
rachîs billig
râh, bėyėrûh gehen
râhib, ruhbân Mönch
ra'i Meinung
râje*, bėyėrâje* sich erbrechen
rajul, rijâl Mann
rakod, bėyėrkod laufen
ramâdî grau
raqas, bėyėrqas tanzen
raqba (w) Hals
raqm, arqâm Nummer
râs, rûs Kopf
rashâfa (w), -ât Rezept (Arzt)
rashh Erkältung
rashwa (w) Bestechung

rasmi offiziell
râyih gehend, reisend
rejîm Diät
rėzz Reis
richsa (w), -ât Ausverkauf
ridd, bėyėridd antworten
riha (w) Geruch
rihla (w), -ât Reise
rijl, rijlên Bein; Fuß
rikba (w), rikab Knie
risâla (w), -ât Brief
risâla musajjala (w) Einschreibebrief
roznâma (w), -ât Kalender
rub*a Viertel
rughma inno obwohl
rûmî ortodoks griechisch-orthodox

S

sâ*a (w) Uhrzeit
sâ*a (w), -ât Uhr
sa*ab schwer, kompliziert
sa'al, bėyės'al fragen
sabab, asbâb Grund, Anlass
sabr Geduld
sabûna, sabûn Seife
sadîq, asdiqa Freund
sâ*ed, bėyėsâ*ed helfen
safâra (w), -ât Botschaft
sâfer, bėyėsâfer reisen
saff, sfûf Klasse (Schule)
safha (w), -ât Seite
safîna (w), sufun Schiff
sâha (w), -ât Platz (in der Stadt)
sahh richtig
sahha (w) Gesundheit
sahhâb, sahhabât Reißverschluss
sahih wahr
sahn, suhûn Teller
sahrâ Wüste
sâhyân wach
said, asyâd Herr
saidalîya (w) Apotheke
saiyye schlecht
sajjel, bėyėsajjel aufschreiben
sakan, bėyėskan wohnen
sâkin wohnend
sakkâkir (Mz) Süßigkeiten
sakker, bėyėsakkir schließen
sakkîn, sakakîn Messer
sakrân betrunken
salafî, -yîn Fundamentalist
salâm, -ât Gruß
salât (w) Gebet
sâlih gültig
sâlih hatta gültig bis
salleh, bėyėsalleh reparieren
sâm, bėyėsûm fasten
sama*, bėyėsma* hören
samaka (w), samak Fisch
sammâ (w) Himmel
samna (w) Fett
sandûq al-barîd Briefkasten
sandûq, sanadîq Kasten
sâq, bėyėsûq fahren, steuern (Auto)
sâr, bėyėsîr werden
sarî* schnell
saroq, bėyėsroq stehlen
sarraf, bėyėsarraf wechseln
sauwa gleich, ähnlich
sâwâ, bėyėsâwî machen
sėbâh al-chêr! guten Morgen!
sebb, bėyėsebb beschimpfen
sėchen warm (Dinge)
sêf Sommer
sejjâda (w), -ât Teppich
sėkkar Zucker
sekta qalbîya (w) Schlaganfall

sėlsėla (w), salâsel Kette
sėmîn, smân dick
sėnna (w), snîn Jahr
sėrîr, asirra Bett
sêyâra (w), -ât Auto
sfarjîla (w), sfarjîl Quitte
sigâra (w), sagâyer Zigarette
sijn, sujûn Gefängnis
silinder, -ât Zylinder (Auto)
sînema (w), -ât Kino
s̲înîya (w), -ât Tablett
sinn, snân Zahn
si*r, as*âr Preis
siriân syrisch-orthodox
sirr, asrâr Geheimnis
sitra (w), -ât Jacke
sitt (w), saidât Dame, Frau
s̲iyâm Fasten
smîn fett
s̲ôf Wolle
s̲râfet (Mz) Wechselgeld
stah̲ê, bėyėstah̲ê sich schämen
stanna, bėyėstanna warten
stėfâd, bėyėstėfîd profitieren von
su'âl, as'ile Frage
s̲ubbât̲, s̲ababît̲ Männerschuhe
s̲ubh̲ Morgen (Tageszeit)
sukkân Bevölkerung
sunnî, -ye Sunnit
sûq, aswâq Bazar
s̲ûra (w), s̲uwar Bild, Foto
sûrî Syrer; syrisch
Sûrîya (w) Syrien

SH

sha*ab, shu*ûb Volk
shab*ân satt
shabb, shėbbâb junger Mann
shachs̲, ashchâs̲ Person
shâf, bėyėshûf sehen
shaghla (w), -ât Ding
shahâda (w), -ât Bescheinigung
shahîd, shuhada Märtyrer
shâhid, shuhûd Zeuge
shahr, shuhûr Monat
shâi Tee
shajara (w), shajar Baum
shakwa (w), shakawî Beschwerde
sham*a (w), shama* Kerze
shams, shumûs Sonne
shamsîya (w), -ât Schirm
shant̲a, shanât̲î Tasche; Mz: Gepäck
sharab, bėyėshrab trinken
shâri*, shawâri* Straße
shârib trinkend
sharq Osten
sharshaf, sharâshif Bettuch
shât̲er fleißig; klug
shâyif sehend
shâz schwul
shê etwas
shê, ashyâ' Sache
shê makân irgendwo
shê shaghla (w) irgendetwas
shêch, shuyûch Scheich
shêk, -ât Scheck
shêkât siyâh̲îya (Mz) Reiseschecks
she*r Haar
sherika (w), -ât Firma
shiffa (w), shafâyif Lippe
shighl Arbeit
shi*î, -ye Schiit
shit̲t̲â Winter
shlôn? wie?
shmâl Norden
shôb warm (Wetter)
shôfêr, -îye Fahrer
shôka (w), shuwak Gabel

shtaghl, beyeshtaghl arbeiten
shtakâ, beyeshtakî sich beschweren
shtarâ, beyeshtarî kaufen
shû? was?
shubbâk, shabâbîk Fenster; Schalter
shû'ismô Ding; etwas
shukran! danke!
shurta (w) Polizei
shurti, -yîn Polizist
shwaiy ein bisschen, wenig
shwaiy-shwaiy langsam (Eigenschaft)

T

ta*arraf, beyea*arraf kennen lernen
ta*b Müdigkeit
ta*bân müde
tâbi*, tawâbi* Briefmarke
tabî*a Natur
tâbiq, tawâbiq Etage
taboch, beyetboch kochen
ta'chîr, -ât Verspätung
taftîsh, tafâtîsh Untersuchung (beim Zoll)
taht unter; unten
taiyâra (w), -ât Flugzeug
taiyib schmackhaft; a: O.k.!
taksi Taxi
talab, beyetlab bestellen, verlangen
tâlib, tullâb Student
tamâm! einverstanden!
tamdîd Verlängerung
ta'mîn Versicherung
tamra (w), tamar Dattel
tanjara (w), tanâjir Kochtopf
taqalîd Sitte
tâqîya (w), tawâqi Hut, Mütze
tarak, beyetrak verlassen
tard, turûd Paket
târîch Datum; a: Geschichte
tarîq, turuq Weg
ta'shira (w), -ât Visum, Sichtvermerk
taslîh, -ât Reparatur
tasrîf *umalîyât Geldwechsel
tauqî*, tawâqi* Unterschrift
tauwil bâlak! habe Geduld!
tawîl lang
tawîla (w), -ât Tisch
tazkara (w), tazâker Fahrkarte
Tedmor (w) Palmyra
telfôn, -ât Telefon
têtê (w) Großmutter
tfaddal! bitte!
tfahha (w), tfâh Apfel
timbâk Tabak
tisbah *ala al-chêr! gute Nacht!
tîz, tiyâz Po, Hintern
tjawwez, beyetjawwez heiraten
trajja, beyetrajja bitten
tshakkar, beyetshakkar bedanken
Turkîya (w) Türkei
tûta (w), tût Maulbeere
tuwalet, -ât Toilette

TH

thalj (Wasser)Eis; Schnee
thammam, beyethammam sich waschen
thaqâfa (w), thaqâ'if Kultur
thaqîl schwer
thi*bân, thâ*bîn Schlange
thîn Mehl
thûm Knoblauch

U

ucht (w), uchwât banât Schwester
***umla sa*ba (w)** Devisen
umm (w), ummėhât Mutter
umma (w), ummam Nation
***umr** (Lebens)Alter
***urs** Heiratsfest
ustâz, asâtize Lehrer
***u_tla (w), *u_tal** Ferien

V

vîsa (w), -ât Visum
vitâmîn wâw Einfluss, Beziehungen

W

wâdi, wudyân Tal
wa*ed, bėyû*ed versprechen
wâ_ha (w), -ât Oase
waja* Schmerz
waja*, bėyûja* schmerzen
wa-lâ _hadda keiner, niemand
wa-lâ shê nichts
wa-lâ ... kein ...
walad, ûlâl Kind; Junge
walla oder
waqqef, bėyėwaqqef stehen
waqqif! stop!
waqt il wenn (zeitlich)
waraqa (w), waraq Blatt (Papier)
warrâ hinten; hinter
warsha (w), -ât Werkstatt
wa_sal (la), bėyû_sal (la) ankommen (an)
wa_sal, wu_sûlât Quittung
wa_sat Mitte
wa_s_sel, bėyėwa_s_sel hinbringen
wâ_s_ta (w) Beziehungen (Einfluss)
wazîr, wuzara Minister
wazn, auzân Gewicht
we, w- und
wên? wo?
wėsich schmutzig
wushsh tâni Rückseite
wushsh, wujûh Gesicht

Y

ya ... ya ... entweder ... oder ...
yahûdî, yahûd Jude
yallah! los!
yamîn rechts
ya*nî! es geht!; na ja!
yasâr links
yôm, ayâm Tag

Z

zabâla (w) Müll
zahr rosa
zahra (w), zahr Blume
zakâ Intelligenz
zakî intelligent
zalame, zėlom Mann; Person
zamûr Hupe
_zarf, _zėrûf Briefumschlag
zarr, zrâr Knopf
zauja (w), -ât (Ehe)Frau
zauq Geschmack
zeitûna (w), zeitûn Olive
zêt (Speise)Öl
zghîr, zghâr jung; klein
zibda (w) Butter
zrî*a (w), zrî* Pflanzen

Die Autoren

Hans Leu, Jahrgang 1965, kommt aus einem kleinen Dorf in Norddeutschland, von wo aus er seine weiten Erkundungszüge in die Welt startete. Schon immer hat ihn der arabische Sprachraum ganz besonders fasziniert, weshalb er Arabistik, das ist die Arabische Sprache und Literatur, studiert hat. Ein Jahr seines Studiums hat er an der Universität Damaskus verbracht. Viele Reisen haben ihn in fast alle Länder des Nahen Ostens geführt. Sein Studium hat er in Berlin abgeschlossen und eine Dissertation über arabische Philosophie im Mittelalter abgefasst. Als Band 76 der Kauderwelsch-Reihe ist von ihm auch der Titel „Hocharabisch“ erschienen.

Iyad al-Ghafari ist 1966 in Damaskus geboren und studierte Theaterwissenschaften an der dortigen Akademie. Aufgrund seines Interesses für das deutsche Theater hat er am Goethe-Institut Deutsch gelernt. Seine Abschlussarbeit behandelt die Rezeption Schillers in der arabischen Welt. Mittlerweile arbeitet er als Theaterkritiker für internationale Zeitungen. Er nutzt seine Sprachkenntnisse, um gelegentlich Touristengruppen zu führen, und so kennt er die Verständigungsprobleme, die Reisende haben, ziemlich genau.